Wolfgang Pohrt

Endstation

Über die Wiedergeburt der Nation
Pamphlete und Essays

Rotbuch Verlag Berlin

Bitte fordern Sie vom Verlag den kostenlosen Almanach
»Das kleine Rotbuch« an

Druck: DRUCKHAUS Neue PRESSE Coburg

ISBN 3 88022 267 3

Inhalt

»Die Trugbilder der käuflichen Liebe sind reizvoller als die Wirklichkeit.« Liebe und Geld bei Balzac

Man schenkt jemandem lieber sein ganzes Herz als sein ganzes Geld. – Wie kommt das? – Man schenkt sein Herz und hat es noch, aber das Geld hat man nicht mehr.
Nietzsche

Es war einmal eine verlogene, verbogene bürgerliche Sexualmoral. Das schlechte Gewissen als Kneifzange benutzend, klemmte dieser finstere Saboteur in den Kabelschächten des Seelenlebens manche Triebe ein, andere ganz ab. Aber dann begann, um das Jahr 1970 herum, mit der Einführung des Sexualkundeunterrichts an der oberhessischen Gesamtschule Niedererlenbach der Fortschritt.

Seit dem Ende des Matriarchats und dem Anfang des Privateigentums, seit dem Sündenfall also und folglich schon sehr lange, war die Frau ein geknebeltes, entrechtetes, unterdrücktes Wesen. Überlastet von ihrer Doppelrolle als Hausfrau und Mutter mußte sie obendrein auch noch ihrem Gatten, einem rohen Wüstling, zu Willen sein. Dann aber erschien eines Tages Emma.

Das ist, nur wenig überspitzt, die Zeitrechnung eines fortschrittlichen deutschen Lehrers. Von der erotischen Literatur des 18. Jahrhunderts, von den Romanen Crébillons oder Casanovas, von den Erzählungen des Enzyklopädisten Diderot oder des Grafen Mirabeau haben die sexualpädagogischen Aufklärungsbücher, die er gelesen hat, nichts geschrieben. So aufgeklärt wie er, meint er, waren die Leute noch nie. Und wenn er aufs Kapitalverhältnis gerade mal besonders schlecht zu sprechen ist, so beschuldigt er es eines Sakrilegs: Es habe, so sagt er, selbst vor dem Heiligsten nicht haltgemacht, denn es verwandele die Gefühle, die Lust, die Erotik, die Sexualität in eine Ware. Da stimmen ihm nicht nur Sozialisten zu, denn die Liebe gilt in Deutschland für ein Ding, dessen Reinheit durch Geld besudelt und verdorben würde. Anders gesagt: die Liebe darf nichts kosten.

In den Romanen Balzacs hingegen gibt es keine preiswerte Liebe, sondern sie ist immer teuer und häufig ruinös.

»Einzig ein armer junger Mann kann wissen, was eine Liebesleidenschaft an Droschkenfahrten, Handschuhen, Kleidung, Wäsche usw. kostet. Wenn die Liebe nur eine kurze Weile platonisch bleibt, führt sie zum Ruin«, klagt beispielsweise der talentierte, aber arme Schriftsteller Raphael de Valentin, und wie er klagen de Rubempré oder Rastignac. Sie hausen in zugigen Dachkammern oder schäbigen Pensionen, sie frieren, sie ernähren sich von Milch und Brot, und sie pumpen skrupellos ihre armen Schwestern, Mütter, gute Freunde an, nur um sich Droschke, Frack, Handschuhe, elegante Leibwäsche leisten zu können – den Luxus also, der notwendig ist, um bei der Dame, in die sie sich verliebt haben, zu erscheinen.

Die Strapazen und Entbehrungen, die aufstrebende junge Männer um ihrer Liebschaft zu einer großen Dame willen ertragen müssen, zählen dabei noch zu den kleinen Opfern. Die großen fordern von denen, die sie bringen können, mit dem finanziellen auch den gesellschaftlichen und moralischen Ruin. Die Gräfin Anastasie de Restaud zum Beispiel liebt den Glücksritter, Schwerenöter und Spieler de Marsay und bezahlt deshalb seine Schulden. Die astronomischen Summen, die ihr Geliebter verschlingt, stiehlt sie aus dem Familienbesitz, und sie riskiert damit die Existenz ihres Gatten und die Zukunft ihrer Kinder. Sie schröpft bedenkenlos ihren Vater, den alten Goriot, der seine Töchter abgöttisch liebt und ihnen deshalb erst sein Vermögen, dann seine Rente, seinen bescheidenen Komfort, seine Andenken und schließlich sein Leben opfert. Alle Galanterie, alle Koketterie, alle Liebeleien, Tändeleien, Turteleien, all jene delikaten Feinheiten im Verkehr der Geschlechter, die Balzac beschreibt, lösen sich ebenso wie tödliche Leidenschaft niemals in substanzlose Gefühlsduselei auf, weil sie von einem unerbittlichen Gesetz beherrscht werden: Wer liebt, muß zahlen.

Die verhängnisvolle Rolle, welche de Marsay für die Familie Restaud spielt, spielt für die Familie Hulot Josépha: ein schönes Arbeitermädchen, welches mit fünfzehn Jahren die ausgehaltene Geliebte eines reichen Bürgers wurde. Das gelehrige Kind entwickelte sich unter der Protektion vornehmer Gönner zu einer berühmten Sängerin und raffinierten Kurtisane. Mit ihrer Geldgier, deren Ursprung nicht Geiz oder Erwerbssinn ist, sondern jene kultische Verschwendungssucht, die noch heute das Showbusiness an dessen sakrale Herkunft erinnert; mit ihrem Verlangen also, der Liebhaber müsse als Preis für die Glückseligkeit opfern, ruiniert sie den Baron Hulot. Als dieser Spuren des Alters zeigt und sich außerdem in finanziellen Schwierigkeiten befindet, läßt sie sich vom Herzog von Hérouville ein Stadtpalais schenken, wo Hulot, völlig ahnungslos, sie zur Rede stellt. Zwischen beiden kommt es zu einer kurzen Szene, in der Josépha erklärt:

»Hör mal zu, bist du die sechshunderttausend Francs wert, die Haus und Einrichtung kosten? Kannst du mir Staatspapiere mit dreißigtausend Francs Zinsen verschaffen, wie der Herzog sie mir in einer Tüte aus weißem Papier voller Krämerbonbons geschenkt hat ...? Das ist doch ein hübscher Einfall! ... Mein Gott, du armer lackierter Kater, du solltest mir dankbar sein; ich verlasse dich in dem Augenblick, da du mit mir zusammen die Zukunft deiner Frau und die Mitgift deiner Tochter vernascht hättest ... Oh, du weinst!«

Der grausame Spott, mit welchem die erfolgreiche Kurtisane den alternden, zahlungsunfähig gewordenen Liebhaber davonjagt, denunziert weder ein besonders kaltherziges, raffgieriges Biest oder einen besonders blöden Trottel, noch verhöhnt er mit dem billigen Zynismus des resignierten Spießers die Liebe, sondern er denunziert und verhöhnt die einfältige Vorstellung, welche zwischen der reinen, echten und der käuflichen Liebe strikt unterscheidet. Die Liebe ist eine kostbare Ware und fordert deshalb einen hohen Preis – so lautet die oberste aller grammatischen Regeln. Erst durch die Kühnheit, diese mächtige Regel zu verletzen, entsteht dann manchmal für Augenblicke Poesie.

Weil man in leichtlebigen Ländern die Liebe schwernimmt, ist sie bei Balzac stets käuflich, immer eine Ware, die man für sein Herz allein genausowenig haben kann wie etwa ein Pfund Tomaten. Die Käuflichkeit ist nicht, wie der eingangs erwähnte heutige fortschrittliche Lehrer wohl meinen würde, eine Schande, welche der reinen Liebe nachträglich durchs Kapitalverhältnis widerfährt, sondern der Kauf ist das die Liebe selber konstituierende Prinzip. Während bei Balzac die Liebe immer eine Ware ist, so beschreibt Marx den Tauschhandel wie den Beginn einer Liebe. Er beginne, heißt es in den ›Grundrissen der Politischen Ökonomie‹, »da, wo die naturwüchsigen *Gemeinheiten* aufhörten, in ihrem Kontakt mit Fremden«. Was zwischen den naturwüchsigen Gemeinwesen, die in Marxens Formulierung von Ferne an die verfeindeten Sippen in ›Romeo und Julia‹ erinnern, getauscht wurde, waren nicht die lebensnotwendigen, sondern die überflüssigen Dinge, die Gegenstände luxuriöser Gelüste für den sonntäglichen Bedarf. Es mögen sich unter den Tauschobjekten auch schöne Mädchen und Jünglinge befunden haben. Raub, Kauf und Tausch aber waren die Formen, unter denen sich das Verhältnis der Geschlechter von Blut und Boden emanzipierte. Als Sklaven wurden die Menschen erfahren, im wörtlichen wie übertragenen Sinne: Sie, die vorher an der Scholle geklebt hatten, lernten die Fremde kennen. Als Sklaven auch schnupperten sie erstmals an der Freiheit, insofern sie nicht Untertan eines unabänderlich feststehenden Naturverhältnisses, sondern eines Gebieters wurden, den man mit List und Schmeichelei gefügig machen kann. Wo vorher in Gestalt von

Nachbarskindern sich ein Acker mit dem angrenzenden zusammentat, um seine künftigen Bebauer zu zeugen, da herrscht im Verhältnis der Geschlechter nun nicht mehr der natürliche, überkommene Gang der Dinge, sondern die subjektive Willkür des anmaßenden einzelnen: sein Wille, nicht mit der Nächstbesten vorlieb zu nehmen, sondern die auserwählte schöne Fremde zu besitzen. Erst dieser Wille faßt das Naturverhältnis der Geschlechter unter moralischen Kategorien, und seine Erfüllung ist nicht mehr bloß Bedürfnisbefriedigung, sondern Lust. Die Lust im Stande der Sehnsucht und des Verlangens – oder die Liebe – ist daher von Anbeginn über Romeo und Julia bis hin zur Dirne ein Protest gegen Sippe, Blut, Boden und Familie als Repräsentanten jenes auf »Bluturenge, Natur und Herrschafts- und Knechtschaftsverhältnissen gegründeten, nur lokalen Zusammenhangs«, von dem Marx spricht. Keine Liebe daher bei Balzac, die nicht wenigstens eine Familie ruinierte. Im Protest gegen die xenophobische Abkapselung eines stammesähnlichen Gebildes, in der Liebe zum Fremden, kommt das Verhältnis der Geschlechter freilich erst zu seinem Recht: Es ist von Natur aus schon die Liebe zum fremden, nämlich anderen Geschlecht. Kein Wunder daher, daß das Land der Fremdenfeindlichkeit und der Pogrome auch das Land tolpatschiger Liebhaber und reizloser Frauen ist.
Auf die innige Verbindung von Tausch und Liebe verweisen heute viele Relikte: nicht nur der Doppelsinn des Wortes Verkehr, sondern auch die Hotelatmosphäre, die von der unbewußten Erinnerung daran zehrt, daß die Gasthäuser den Handelsreisenden früher Herberge und Bordell in einem waren. Die käufliche Liebe ist die Liebe der unbekannten schönen Fremden. In den Romanen Balzacs existiert keine anziehende Frau ohne Geheimnis. In Paris, wo Abertausende politischer Flüchtlinge unterkamen, ohne daß jemals eine Asylantenflut beklagt worden wäre, ist der Geliebte von Hulots Tochter ein polnischer Graf, und Foedora, der Raphael de Valentin sich mit den Worten »Foedora oder der Tod« verschrieben hat, eine russische Gräfin. Und eine leibhaftige russische Gräfin, Eva von Hanske, war es, der Balzac, ohne sie je gesehen zu haben, schrieb: »Ich liebe Sie, die Unbekannte, und diese bizarre Tatsache ist nichts als das natürliche Ergebnis eines stets leeren, unglücklichen Daseins . . . Ich liebe Sie schon viel zu sehr, ohne Sie gesehen zu haben.«
Weil am anderen Geschlecht nicht nur das Geschlecht gesucht, weil das Andere, die Differenz neben dem Geschlecht nicht nur geduldet oder sogar verfolgt, sondern gesucht und geliebt wird – deshalb ist Liebe bei Balzac stets die Mesalliance von Personen aus einander fremden Ständen und Klassen. Als Kupplerin vermittelt

zwischen ihnen das Geld, und es erinnert an eine säkularisierte Form alter, immer mit Schmerzen und Strafen verbundener Hochzeitsriten, an das Opfer, welches die Gesellschaft als Preis für den asozialen Akt der Absonderung von den Liebenden fordert. Die Grafen, Barone und reichen Bürger lieben ihre Grisetten, Kokotten und Kurtisanen und verschwenden an die Halbwelt ihr ganzes Geld. Die Gräfin liebt den nichtsnutzigen Spieler und wird ihrerseits vom armen Dichter verehrt. Wer liebt, liebt niemals seinesgleichen.

Erotische Verhältnisse zwischen Gleichberechtigten, gar Kollegen – die partnerschaftliche Beziehung, wie man heute sagen würde – sind hingegen bei Balzac verpönt. Sie fallen gewissermaßen unter ein erweitertes Inzesttabu. Erst aus dem exogamen Reiz des fremden Standes, der fremden Klasse entstehen bei Balzac im Verhältnis der Geschlechter Lust und Liebe. Die aufstiegssüchtigen jungen Talente wie de Valentin, de Rubempré oder Rastignac, die bettelarm und unbekannt sind und sich stets in die reichsten Damen aus der vornehmen Gesellschaft verlieben, sind deshalb nicht mit abgebrühten Heiratsschwindlern oder verbissenen Karrieristen modernen Stils zu verwechseln. Da sie weder verhärtet noch berechnend sind, lieben sie in der vornehmen Frau nicht ein Mittel, um Macht und Einkommen zu ergattern, sondern sie lieben in ihr den Genuß, den ihnen, die im Elend leben, nur die fremde Pracht glitzernden Reichtums zu gewähren vermag. Selbst der unbändige Wille, zu den vornehmsten Kreisen aufzusteigen, fällt bei ihnen unter das Exogamiegebot, gehört zur Liebe zum Fremden. Jene erst reduziert die Frau nicht mehr auf den abstrakten Geschlechtsunterschied, sondern läßt das Geschlecht zur Person sich entfalten. Und als Personen, deren Geschlecht kein separates Merkmal bleibt, sondern Wohnung, Kleidung, Stand, Lebensweise prägend an der Zivilisation Anteil nimmt, sind die Geschlechter füreinander nicht mehr Mittel der Bedürfnisbefriedigung, sondern Objekte von Begierde, Lust und Liebe. Sie zielt, wo sie diesen Namen verdient, gerade nicht, wie man in Deutschland denkt, auf das höchst banale Wesen, sondern sie zielt auf die Accessoires, auf die Begleitumstände, auf die Erscheinung. Sie verlangt mehr als Mann und Frau und eine Matratze. Das Geständnis des bettelarmen Schriftstellers Raphael de Valentin, dokumentiert deshalb jenen Respekt vor der Liebe und jene Überwindung der Barbarei, die Balzac aus dem vom Geld beherrschten Paris überliefert: »Ferner, ich gestehe es zu meiner Schande, ist mir die Liebe im Elend etwas Unbegreifliches ... Ach, es lebe die Liebe in Seide, auf Kaschmir, umgeben von den Wundern des Luxus, die sie so köstlich schmücken, weil sie selber vielleicht ein Luxus ist. ... Freilich, ich bin mir hundertmal lächerlich vorgekommen, daß ich ein paar Ellen Seidenspitze, Samt, feinen Batist, die Leistungen eines Friseurs, Kerzen, eine Karosse, einen Titel, Wappenkronen, die von einem Glasmaler gemalt oder von einem Goldschmied gefertigt worden waren, mit einem Wort, alles liebte, was es an der Frau an Künstlichem und am wenigsten Weiblichen gibt; ich habe mich selber verspottet, ich habe nachgesonnen; alles das ist vergeblich gewesen.«

Was Raphael vergeblich zu begreifen sucht, ist ganz einfach: Er ist ein Mann, der die Frauen nicht als niedrige Kreatur verachtet, derer er bisweilen bedarf, sondern der sie wahrhaft liebt. Im Ornamentalen und Artifiziellen, im Schmuck und im Dekor, in den Formen und Konventionen, die ein säkularisierter Abkömmling jener Anstalten sind, welche die Menschen einst trafen, um an Festtagen ihren Göttern unter die Augen zu treten, erhält das Geschlecht erst jene Würde, durch welche es sich von seiner Existenz als leidende, gebärende, säugende Kreatur unterscheidet. Daß diese Würde den Frauen in Deutschland vorenthalten wurde – sie haben sich bekanntlich nicht zu schminken –, ist der Grund für manche absonderlichen Rigorismen der hiesigen Frauenbewegung, die nicht als richtige politische Strategie, sehr wohl aber als Symptome für die Fortdauer der Barbarei im Verhältnis der Geschlechter hier sehr ernst zu nehmen sind. Ähnlich dem in Dessous vernarrten Fetischisten verlangt es Raphael de Valentin nicht nach dem ewig Weiblichen, welches in Deutschland die Frauen und ihre Feinde gemeinsam mit Natur und Erde, mit qualligem Gefühl, reduziertem Verstand und vom Mutterkreuz prämierten Körperproportionen verbinden, sondern in seiner Vorliebe für das Dekor, fürs Artifizielle, respektiert und liebt er die zivilisierte, souveräne Frau.* Gleich Göttern, derer nur im Sonntagsschmuck gottähnlich gewordene Menschen würdig waren, mochten die Herren, als sie noch Herren waren, in ihrer unmittelbaren Nähe keine Sklaven – das ist die Dialektik aller Sklaverei. Der arme Schriftsteller verschmäht deshalb das wohl-

* Folgende Anzeige erschien zur Zeit des Nationalsozialismus in den »Münchner Neuesten Nachrichten«:
»Zweiundfünfzig Jahre alter, rein arischer Arzt, Teilnehmer an der Schlacht bei Tannenberg, der auf dem Lande zu siedeln beabsichtigt, wünscht sich männlichen Nachwuchs durch eine standesamtliche Heirat mit einer gesunden Arierin, jungfräulich, jung, bescheiden, sparsame Hausfrau, gewöhnt an schwere Arbeit, breithüftig, flache Absätze, keine Ohrringe, möglichst ohne Eigentum.«
Aus: Frank Grube/Gerhard Richter, »Alltag im Dritten Reich« – So lebten die Deutschen 1933-1945, Hamburg 1982.

feile Verhältnis zur entzückend schönen Tochter seiner Wirtin, die ihn außerdem vergöttert. Statt dessen nimmt er alle Entbehrungen in Kauf, um erhört zu werden von einer jener großen, souveränen Damen, die überaus geistreich waren und deshalb der gesellschaftliche Mittelpunkt ihres vornehmen Salons, worin sie sich eine ganze Menagerie berühmter Künstler hielten und in welchem ihr Gatte, der beim Schlafzimmer von Madame höflich anzuklopfen hatte, nur eine Nebenrolle spielte. Am Anspruch der Herren, daß nicht der Anblick einer erbärmlichen Kreatur ihr Auge beleidigen möge, scheitert in den Romanen Balzacs stets die Herrschaft. Vermöge jener aristokratischen Tradition, deren Absterben Balzac bedauert, sind sie zu arrogant, um sich wie die Kleinbürger mit dem Personal zu begnügen.

Die anfangs zitierte Szene, in welcher die Kurtisane Josépha ihren alternden Liebhaber, den Baron Hulot davonjagt, ist die Konsequenz einer großen aristokratischen Tugend, nämlich der Arroganz. Darüber beklagt sich Crevel, ein reich gewordener Kleinbürger und der erste Liebhaber Joséphas, während er die Baronin über die Seitensprünge ihres Gatten aufklärt: »Ihr Gemahl, schöne Dame, hat mich meines Glückes beraubt, der einzigen Freude, die ich hatte, seit ich Witwer geworden war. Ja, wenn mir nicht das Unglück widerfahren wäre, diesem alten Hurenbock zu begegnen, würde ich Josépha noch besitzen: denn, wissen Sie, ich würde sie von mir aus nie zur Bühne haben gehen lassen; sie wäre im Dunkel geblieben, ehrbar und mein.«

Hulot aber, ein entsetzlicher Taugenichts zwar, aber ein Aristokrat, kann jedoch keine Untergebene und Abhängige, kein kleines ausgehaltenes Arbeitermädchen lieben, und wenn er es dennoch liebt, forciert er dessen Entwicklung zur berühmten Sängerin und Kurtisane als der in diesem Fall einzig möglichen Entwicklung zur souveränen Frau. Der Moment, in dem er verjagt wird, krönt, so betrachtet, seine Tugend und seinen Erfolg.

Das Pendant zur großen Dame ist bei Balzac die Dirne – die Ehefrauen, welche sich dem hierarchischen Gefüge der Geschlechter in Ehe und Familie bedingungslos unterworfen haben und bloß treu und demütig ihren Mann anhimmeln, scheiden aus. Sie gelten nicht mehr als begehrenswerte Frauen, sondern als Denkmäler patriarchaler Schuld, insofern es, wie Balzac schreibt, »ein gewaltiger Beweis der Minderwertigkeit eines Mannes ist, wenn er es nicht versteht, aus seiner Frau seine Geliebte zu machen«.

Der großen Dame ist durch ihren Reichtum, ihre Herkunft und ihren Rang in der Gesellschaft die Ebenbürtigkeit verliehen. Die Dirne erwirbt sich diese Ebenbürtigkeit durch ihre Präsenz und ihren Erfolg auf dem Markt. Der Akt des Tausches setzt Besitzer verschiedener Waren als formell gleiche Personen voraus. Sie dürfen in keinem Abhängigkeitsverhältnis stehen, worin es dem einen möglich wäre, den anderen zur Hergabe unmittelbar zu zwingen. Weil die Dirne keine ewigen Bünde schließt, sondern ihre Reize gegen Geld feilbietet, behält sie sich das Recht vor, ihre Gunst zu verweigern. Vermöge dieses Rechtes wird sie entsprechend ihrem Marktwert oder Erfolg umworben – durch Geld zwar, aber durch Geld nur in Gestalt von höflichen, taktvollen, aufmerksamen, galanten Herren, die mit dem Geld umzugehen wissen und – wie etwa im zitierten Beispiel – Staatsanleihen in einer Bonbontüte überreichen. Nur wenige Frauen allerdings erhalten für ihre Gunst gleich Staatsanleihen und ein Stadtpalais. Die Absicht zu verkaufen allein garantiert so wenig wie die Qualität der Ware den geschäftlichen Erfolg. Es muß etwas hinzutreten, was man nicht planen kann. Als ›Glück in der Liebe‹ bezeichnet Balzac dieses Hinzutretende, und er entschädigt den Leser für dieses banale Wort mit einem großen Gedanken: Das Glück in der Liebe, schreibt er, verwandele die Männer, die es haben, in männliche Kurtisanen (VII 861). Es ist ein Markt, auf dem die Frauen als Dirnen ihre Reize verkaufen, aber es ist keine Zuchttierschau. Die genormten Güteklassen aus Heiratsannoncen und Kontaktanzeigen werden hier nicht prämiert (siehe Anmerkung Seite 12). Der selber weder in ökonomische Kategorien noch Qualitätsmaßstäbe einer besonderen Warenkunde auflösbare Grund dafür, wer wen bezahlt, der erotische Reiz vom Schicksal begünstigter Männer und Frauen, ihr Glück in der Liebe als Ursache und Geheimnis ihres Geschäftserfolgs, dementiert diesen, verhöhnt seine vordergründige ökonomische Rationalität und offenbart den schmutzigen Liebeslohn als ein Geschenk des Himmels. Nur jene erhalten es, die andere mit ihren Reizen beglücken und betören können. In den Romanen Balzacs sind es fast ausschließlich Frauen, welche in diesem Moment einen Ballsaal betreten:

»Unter den schimmernden Kerzen eines goldenen Kronleuchters, rings um einen mit vergoldetem Silber überladenen Tisch, bot sich plötzlich den verstummten Gästen, deren Augen aufblitzten wie ebenso viele Diamanten, eine Gruppe von Frauen dar. Reich geschmückt waren sie, aber reicher noch waren die blendend schönen Einzelzüge, vor denen alle Wunder dieses Stadtpalais' hinschwanden. Die leidenschaftlichen Blicke dieser Dirnen, die wie Feen mit Zauberkräften begabt waren, hatten eine noch größere Leuchtkraft als die Lichtströme, die die seidigen Reflexe der Wandbespannungen, die Weiße der Marmorplastiken und die zarten Vorsprünge der Bronzen auffunkeln ließen. Das Herz

entbrannte einem beim Anblick ihres schwingenden Kopfputzes und ihrer Haltung, die je nach ihren Reizen und ihrem Charakter verschieden war. Es war eine Blumenhecke, die aus Rubinen, Saphiren und Korallen zusammengesetzt war; ein Gürtel von schwarzen Bändern auf schneeweißen Hälsen; leichte Schärpen, die wie Leuchtturmfeuer wehten; hoffärtige Turbane, auf bescheidene Weise herausfordernde Tuniken. Dieses Serail bot allen Augen Verführerisches dar, Wollüste für alle Varianten der Liebe. Eine Tänzerin in einer entzückenden Stellung wirkte hüllenlos in den wallenden Kaschmirfalten. Dort verbargen oder enthüllten eine durchsichtige Gaze, hier eine schmiegsame Seide geheimnisvolle Vollkommenheiten. Schmale Füßchen sprachen von Liebe, aber frische rote Lippen schwiegen. Zarte, zurückhaltende junge Dirnen von erkünstelter Unberührtheit, deren hübsches Haar eine fromme Unschuld aushauchte, boten sich den Blicken dar wie Geistererscheinungen, die ein Hauch verwehen könnte. Alsdann aristokratische Schönheiten mit stolzem Blick, jedoch gleichgültig, schmächtig, schlank und anmutig; sie neigten den Kopf, als ob sie noch immer königliche Protektion zum Kauf anböten.«
Die gleißende Schönheit, welche diese Frauen erstreben, ist keine liebdienerische Unterwerfung unter den Geschmack der Männer, sondern sie ist das Zepter ihrer Macht: »Ist es etwa nichts, sich bewundert und umschmeichelt zu sehen und über alle Frauen zu triumphieren, sogar über die tugendhaftesten, und zwar dadurch, daß man sie durch seine Schönheit und seinen Reichtum erdrückt?« fragt die rührende Euphrasie, und Aquilina, mit tiefer Stimme und dunklem, aufreizend gelocktem Haar erklärt die Herkunft ihres Namens: »Gerade wie die Päpste sich neue Namen zulegen, wenn sie sich über die Menschen erheben, habe ich einen angenommen, als ich mich über die Frauen erhob.«
Der Besitz solcher Macht ist notwendig, damit der freiwillige Verzicht auf sie – oder die Liebe – Züge jener ergreifenden Großartigkeit annehmen kann, die im folgenden Bild triumphiert. Raphael de Valentin betrachtet seine schlafende, also wehrlose, bewußtlose und seiner Obhut anbefohlene Geliebte: »Ihr niedliches, weißes und rotes Ohr, das von einer Strähne ihres Haars umrahmt war und sich in einer Muschel von Melchener Spitze abzeichnete, hätte einen Künstler, einen Maler, einen Greis vor Liebe verrückt gemacht und vielleicht einem Irrsinnigen die Vernunft wiedergeschenkt.«
Wenn Sie nun, verehrte Leser, in Ihrer partnerschaftlichen Beziehung oder, wie man in den zwanziger Jahren das Ding so sportlich nannte, Kameradschaftsehe nicht ganz glücklich werden; und wenn Sie in der Heimsauna, unter dem Solarium oder am

Nacktbadestrand bisweilen das Gefühl beschleicht, dies alles reize Sie nicht mehr – dann können Ihnen weder der eingangs erwähnte fortschrittliche Lehrer noch Oswald Kolle oder gar Beate Uhse helfen. Helfen kann Ihnen auch nicht Balzac. Bei ihm aber können Sie wenigstens nachlesen, was Sie verpaßten.

Folter, Gift und roter Terror

Die *Bild*-Zeitung ist erforscht. Wir stehen deshalb vor dem Rätsel: Warum faulen den Redakteuren nicht die Finger ab, und warum wachsen ihnen keine Hörner aus den Schläfen. Ein Irrtum, zu glauben, daß der Verstand uns lehren könne, diese Welt zu begreifen. Wie Wasserstoffbomben und Privatautos, Einwegflaschen und Interkontinentalraketen, wie Fernseher und Sprühdose gehört die *Bild*-Zeitung zu den Produkten, über deren letztlich verheerenden Konsequenzen sich alle, bis hin zum Bundeskanzler und zum Bundesgerichtshof einig sind. Selbst er, winselte der Verleger, leide unter diesem Blatt wie ein Hund. Nur ein Grund mehr, folgern Sadisten, Masochisten und Realisten, nichts dagegen zu tun. Fast scheint es, als mache der Blick auf die katastrophalen Folgen den Leuten die Sache erst wirklich schmackhaft. Vor der Zählebigkeit, vorm Prosperieren der *Bild*-Zeitung wider allgemeine bessere Einsicht werden Aufklärung, Analyse, Gegenöffentlichkeit zur Farce. DIE WELT WIRD ANDERS, drohte nach Reagans Wahlsieg der Jubel-Balken. Zehn Jahre, und ihr werdet Deutschland nicht wiedererkennen, wurde damals, als es noch keine Kernwaffen gab, versprochen. Vor solcher kühnen Offenherzigkeit blamiert sich jede Enthüllungsstory und verkümmert jeder Kommentar. So ist es nicht selbstverständlich, sondern es bedarf der Erklärung, warum man sich über dieses Monument fortwährender Barbarei trotz seiner erwiesenen Unangreifbarkeit durch literarische und publizistische Mittel bisweilen entrüstet. Wir regen uns über den Gegner längst nicht mehr auf, aber es trifft uns, wenn wir im Gegner den Plagiator erkennen. Das reaktionäre Schundblatt erträgt man, das reaktionäre Schundblatt in der Maskerade eines Vorkämpfers für die Menschenrechte aber erträgt man nicht.

*

GEISELN UNVORSTELLBAR GEFOLTERT, versprach der *Bild*-Balken vom 23. Januar 1981 den lüsternen Lesern zum Frühstück. Der Appetitmacher gehörte zur geistigen Morgengymnastik, war bloß eine mentale Lockerungsübung zwecks Dehnung der Frustrationstoleranz, denn im Bericht folgte wie im Leben prompt die Enttäuschung.

Selbst wenn es stimmt, daß von fünfzig gefangenen Amerikanern einer mit der Faust seines Bewachers Bekanntschaft machte und dabei einen Zahn verlor: so glimpflich wäre die Truppe im Wilden Westen kaum davongekommen. Die Tatsachen, die der Bericht erwähnt, können verwöhnte Leser nur ermüden. »Einzelhaft im feuchten Keller«, prangert die *Bild*-Zeitung an: die Wohnverhältnisse vieler Türken in Kreuzberg. Zeitweilig »Wasser und Brot«, klagt das Blatt: für diese Kur zahlen beleibte Amerikaner in Abmagerungskliniken eine Menge Geld, und auch den Diplomaten ist sie, soweit man nach Bildern urteilen kann, nicht schlecht bekommen. Die Revolutionsgardisten hielten ihre Gefangenen mit Feuerwaffen in Schach: als ließen sich ausgewachsene amerikanische Diplomaten durch die Androhung von Liebesentzug in ihren Plänen behindern. Die Gefangenen versuchten, mit Hilfe aneinandergeknüpfter Bettlaken zu türmen: warum, so muß sich jeder *Bild*-Leser ratlos fragen, hat bei dieser Gelegenheit kein Bewacher die Putativnotwehr vollstreckt.
Der *Bild*-Bericht, der den *Bild*-Balken dementiert, ist keine Konzession an die Fakten, sondern er ist die Krönung und Vollendung der Desinformation. In der durchgehaltenen, in sich stimmigen Propagandalüge erschiene noch immer, wenngleich in verstellter Form, die Idee der Wahrheit. Ein Bericht, der hielte, was die Schlagzeile versprach, wäre zwar frei erfundene, böswillige Verleumdung, aber er respektierte immerhin den Begriff der Folter. Den persischen Revolutionsgardisten angedichtete Greuel, erlogen, um die Glaubwürdigkeit der Schlagzeile zu stützen, verrieten noch immer einen Rest an Achtung vor der Wahrheit. Die zu Propagandazwecken konstruierte Schauergeschichte riskiert beim Adressaten stets die unbeabsichtigte Erkenntnis: es ist alles wahr, nur hat man den Schauplatz und die handelnden Personen verwechselt. Die *Bild*-Zeitung vermeidet dieses Risiko, denn über die taktische Absicht, den unmittelbaren politischen Gegner zu verleumden, stellt sie souverän das strategische Ziel. Die persischen Revolutionsgardisten kommen gewissermaßen mit einem blauen Auge davon, aber für die Verbrechen, welche Militär und Polizei in der Türkei, in Süd-Korea, in Süd-Afrika, in allen von den USA kontrollierten Ländern Lateinamerikas begehen, fehlt uns künftig der Name; darüber soll künftig niemand, der ernst genommen werden will, mehr sprechen.

*

DIE GROSSE VERGIFTUNG, das wäre früher der verheißungsvolle Titel eines Groschenromans gewesen. Aus diesem reißeri-

schen Lockruf hat der Rowohlt-Verlag das Kennwort für eine Reportagenserie gemacht. Sie erscheint in der aktuellen Taschenbuchreihe, und zwar, wie der Verlag auf der Rückseite des zweiten Bandes angibt, aus folgendem Grund:
»Die Umwelt des Menschen wird vergiftet. Tagtäglich und in immer größerem Umfang. Flüsse und Seen sterben, Wälder, Wiesen und Bergregionen, aber auch Tiere und Pflanzen. Über die Nahrungskette werden Gifte im Menschen angereichert und führen zu Krankheiten und Erbschäden, vielfach auch zum Tode.«
Erbschädigende Kettenreaktion in der menschlichen Giftanreicherungsanlage – auch ohne Kinski in der Hauptrolle und Coppola am Schneidetisch wird aus diesem Film ein Kassenknüller. Die Seen in tückische Gifttümpel verwandelt, die Flüsse nicht von Krokodilen und Piranjas bevölkert, aber gefüllt mit träge dahinkriechender und den arglosen Badegast im Nu skelettierender Säure; ein Märchenwald abgestorbener Bäume, deren kahle Äste gespenstisch in den von Chromdämpfen verfärbten Himmel ragen, mittendrin röhrt der letzte Hirsch – und das alles life. Die Erwartungen, welche die kommerzielle Öko-Publizistik weckt, muß die Wirklichkeit vorläufig noch enttäuschen, und enttäuscht und genasführt ziehen sich die heutigen Interessenten deshalb vielleicht schon bald ganz von der Ökologie zurück. Wenn man den Leuten jahrelang einhämmert, die Menschheit werde von Giften dezimiert, während die Zahl der Weltbevölkerung munter von einer Milliarde zur anderen klettert, dann werden sie die ewigen leeren Versprechungen eines Tages leid und warten lieber auf ein Erdbeben oder auf den Weltuntergang in der Form einer interplanetarischen Katastrophe. Die Sensationsmeldungen, man werde von östrogenverseuchtem Kalbfleisch, bleihaltigem Salat und dem Cholesterin der Butter um die besten Jahre gebracht, werden in genau dem Moment eine fatale Gleichgültigkeit gegenüber der Zerstörung nicht der Umwelt, sondern der Welt bewirken, wo sich die unabweisbare Erkenntnis durchsetzt, daß man mit Östrogen, Blei und Cholesterin doch immerhin rund 70 Jahre lebt, ohne Kalbfleisch, Salat und Butter aber, wie in den unentwickelt gehaltenen Ländern, kaum die Hälfte. Die Schaumschlägerei der kommerziellen und der missionarischen Öko-Publizistik schraubt unaufhörlich die Reizschwelle herauf. Nur der unmittelbar bevorstehende und ›am eigenen Leibe‹ erfahrbare Weltuntergang soll es noch wert sein, uns zu interessieren.

*

ROTER TERROR, meinte der gescheiterte Kanzlerkandidat, als er bei einer Wahlkampfkundgebung im Frühling letzten Jahres mit Schmährufen und einem Eierhagel empfangen wurde. Im *Bayernkurier* war von »gewalttätigen Systemsprengern« die Rede, vom »physischen, akustischen und psychischen Terror, den die roten Horden in Essen und Köln entfesselt« hätten, von »Versammlungsterroristen«. Der Witz dabei war nun, daß niemand darüber lachte. Ein SPD-Abgeordneter bestätigte, als er sich in die Rolle eines Rädelsführers der Schmährufer gedrängt sah, die Katastrophenversion von Straußens mißglückter Selbstdarstellung mit dem bekannten Schlachtruf der Sozialdemokratie: »Ohne mich wäre es noch schlimmer gekommen.«

*

PRÜFUNGSTERROR, zürnten wir, als wir zwar noch immer im Namen der Revolution, tatsächlich aber bereits für den gleitenden Aufstieg kämpften, für die klippenlose Karriere. Wir sprachen zuerst von der Isolationsfolter, als ob nicht die Isolation eine und die Folter eine ganz andere Sache wäre, und als ob erst der Superlativ, nämlich die Folter, nicht aber Haft und Isolation allein schon einen hinreichenden Grund böten, sich zu empören. Wir sprachen von psychischer Verelendung, als bestünde zwischen dem Elend mit der Psyche und nacktem Hunger bloß ein gradueller Unterschied, als wären ein aufgeblasener Wasserbauch dort und Kontaktstörungen hier im Wesen dasselbe, als wären sie einander so ähnlich wie ein weißes und ein schwarzes Pferd. Als dieser Staat sich mit der Verhängung von Berufsverboten an seinen geschwächten Gegnern rächte, da bezichtigten wir ihn der Existenzvernichtung, als ginge die politische Entwertung unserer Berechtigungsscheine, unsere Degradierung vom Aufsteiger zum Absteiger bereits ans nackte Leben. Dann staunten wir, als kein Hilfsarbeiter unser Schicksal beweinte.

*

Als dann in München die gewalttätigen Sprenger wirklich zugeschlagen hatten – 12 Tote und 26 Krüppel –, blieben nicht nur die Medien eigentümlich stumm, sondern fiel auch den Linken nichts mehr ein. Die Münchener Alternativzeitung, das *Blatt,* veröffentlichte als Eingeständnis ihrer Sprachlosigkeit leere Seiten.

Die Macht des Schicksals
Stichworte

Sprachlosigkeit, nicht Überredungskunst, ist das Gütezeichen zeitgemäßer Propaganda. Der Chef von Poona und der Häuptling im Weißen Haus sind weder Demagogen noch Agitatoren, sie sind keine zungenfertigen Verführer, sondern sie strahlen einfach aus. Sie überzeugen nicht durch Worte, sondern durch *Vibrations,* gewissermaßen verkörpern sie das positive Gegenstück zum schnellen Brüter. Aus der begründeten Angst vor Strahlen, die man weder sehen noch hören, schmecken, riechen oder fühlen kann, entsteht allmählich eine neue Mystik. Als Maß für die Effizienz jeder Kraft gilt ihr Vermögen, sich der sinnlichen Wahrnehmung und der Kontrolle durch den Verstand zu entziehen. Gefahren, vor denen die fünf Sinne nicht schützen können, erwecken ein Bedürfnis nach dem sechsten.

Der sechste Sinn, der übersinnliche Geigerzähler, hängt auch mittelbar mit der ersten Öl-Krise zusammen. Seitdem nämlich kennt die offizielle Politik überhaupt keine Programme mehr, auch keine fadenscheinigen und falschen. Mit dem Hinschwinden der Illusion, sie könne ein stetiges und unbegrenztes Anwachsen des Lebensstandards garantieren, ist die Politik gegenstandslos geworden und hat sich in bloßes Krisenmanagement und reine Verzögerungstaktik verwandelt. Seit die Würfel gefallen sind, spielt man auf Zeit. Kein programmatischer Wille, sondern blanke Machtgier inspiriert die Machthaber, namentlich die deutsche Sozialdemokratie. Seit der Westen seine dürftige Zukunftsvision in der Energielücke versickern sah, fehlen, wie selbst abgehärtete Beobachter verdrossen bemerkten, den Wahlkämpfern die Argumente. Nicht Politiker, die tatkräftig und robust ein plausibles Programm durchzuboxen versprechen, sondern Führer gehen aus diesen Wahlkämpfen als Sieger hervor. Es konzentriert sich auf sie ein gefährlich verhärteter, weil wider bessere Einsicht und gegen begründete Zweifel behaupteter Glaube – ein Glaube, der um so fanatischer verteidigt werden wird, als dahinter keine mutige Überzeugung steckt, sondern die nackte Angst vor der Wahrheit.

Die Angst, welche die Massen der Magie in die Arme treibt, schüren die Führer. Sie locken und versprechen nicht mehr, und sie schüchtern nicht mehr den Gegner durch protzig zur Schau gestellte Schwäche ein, sondern die Gefolgschaft durch ostentative Schwäche. Wenn die Sozialdemokraten kuschen sollen, dann verweist der Kanzler weder auf seine Macht noch auf die Überlegenheit seiner Argumente, sondern er droht, übelzunehmen, beleidigt zu sein, den Krempel hinzuschmeißen und zu resignieren. Die Weltpolitik sei ein tückisches Fahrwasser, man segele ins Ungewisse und dürfe deshalb um keinen Preis dem Steuermann in den Rücken fallen: so tönen die öffentlich geäußerten Befürchtungen des Kanzlers, am Verteilungskampf um die Öl-Reserven könne sich der dritte Weltkrieg entzünden, als Echo aus Ortsvereinen und Landesverbänden zurück. Der Kriegswaffenexport und der Kernkraftwerksbau: kein Politikum, sondern eine defensive Maßnahme zur Sicherung der bedrohten Arbeitsplätze. Ob es sich um die Asylantenflut oder den Studentenberg handelt, ums Konjunkturtal oder die Bevölkerungsexplosion: stets befinden die Machthaber sich tendenziell schon im übergesetzlichen Notstand, denn sie kämpfen gegen schicksalhafte Naturgewalten, und sie stehen dabei mit dem Rücken zur Wand. Selbst die Aufrüstung gründet sich nicht auf den politischen Willen zu militärischer Stärke zwecks Durchsetzung eines Programms, sondern als Nachrüstung – ein Wort, das an Nachschlag, Nachholbedarf, Unterernährung erinnert – wird sie gerechtfertigt durch eine Behauptung, die früher als Hochverrat verfolgt worden wäre, durch die Behauptung nämlich, der Gegner sei überlegen. Der offizielle Defätismus, der dem Gegner amtlich versichert, daß er, wenn er sofort losschlüge, siegen werde, kommt nicht vor das Kriegsgericht, denn er verfolgt einen Zweck. Die Aufrüstung, so unterstellt er, folgt keiner politischen Entscheidung, über die sich ernsthaft debattieren ließe, sondern sie ist ein Naturrecht und dient der Abwendung unmittelbar drohender Gefahr. Auf verlorenem Posten, von der Asylantenflut umbrandet, von der Ausländerschwemme überrollt, im Innern die Terroristen, die Russen im Osten, die Lebensadern, die Öl-Pipelines haben schon Sklerose, und bald gehen wegen Brokdorf auch noch die Lichter aus: Nur blindes Vertrauen und blinder Gehorsam, nicht aber Vernunft, haben unter diesen objektiv aussichtslosen Voraussetzungen eine Chance.

Der Sachzwang, von dem die Führer reden, wenn sie zum Zwecke der Exkulpation auf die Energiekrise und die Rohstoffverknappung, auf die weltweite Inflation, auf die weltweite Arbeitslosigkeit und das weltweite Wettrüsten zeigen, ist das Kernstück moderner Mythologie. Die Machthaber verhöhnen nur die Vernunft, wenn sie es offen aussprechen, daß die Menschheit bedroht sei und daß sie daran nicht das mindeste ändern können. Nach dem Geständnis nämlich treten sie weder ab, noch werden sie bestraft und davongejagt, sondern sie werden von der Gefolgschaft bejubelt. Dem schlitzohrigen Bekenntnis der Führer zur eigenen Ohnmacht, womit sie die Verantwortung für ihre Taten von sich weisen, entspricht der resignative Narzißmus der Massen, die schon zufrieden sind, wenn sie aus berufenem Mund die Bestätigung ihrer dunklen Vermutungen erhalten. Daß alles bös enden werde, das haben sie – zur Sache, Schätzchen – schon längst gewußt. Die Volkstümlichkeit der Führer, die der resignierenden Bevölkerung aus der kargen Seele sprechen, schwächt nicht das Machtverhältnis, sondern sie ersetzt das politische Kalkül durch den Glauben an eine irrationale Gewalt. Warum einer, der wie der kleine Mann denkt und redet, kein kleiner, sondern ein Staatsmann ist – das läßt sich mit logischen Mitteln nicht mehr klären. Und weil die Führer die alte Ideologie, Herrschaft durch Nutzen für die Beherrschten zu begründen, risikolos in aller Öffentlichkeit blamieren dürfen, müssen sie mit dem Allermächtigsten, oder, naheliegender, mit dem Teufel selbst im Bunde sein. Mit dem Verzicht auf den Versuch, der Bevölkerung das Regime schmackhaft zu machen, demonstrieren die Führer eine Macht, die keiner rechtfertigenden Vernunftgründe und keines Kalküls auf den Nutzen mehr bedarf. Die Macht des Schicksals kehrt wieder.

Gemeinschaft I

Im Begriff ›Volksgemeinschaft‹ ist das Volk nur Attribut, das Substantiv ist die Gemeinschaft. Die beschwörende Verdoppelung – als schlösse der Begriff ›Volk‹ den der Gemeinschaft nicht ohnehin ein – verrät einerseits Zweifel an der Berechtigung, die von Konjunkturzyklen und vom Sog der großen Fabrikzentren umhergewirbelte und zusammengewürfelte Bevölkerung industrialisierter Länder als Volk zu bezeichnen; die Wortbildung drückt andererseits aus, daß das Volk bloß der nebensächliche und auswechselbare Vorwand für die Hauptsache ist, nämlich die Gemeinschaft. Gemeinschaft schlechthin oder schicksalhafte, unkündbare Verbundenheit und distanzlose Nähe ist aber unter der Voraussetzung, daß die einzelnen nicht mehr Zwangsmitglieder eines Stammes, einer Kaste oder eines Standes sind und deshalb das Recht haben, sich in Parteien, Vereinen, mit Freunden oder Gleichgesinnten frei zu assoziieren, nur als Ausnahmezustand möglich. Das Fronterlebnis im Schützengraben, die Erfahrung, daß, unter dem trivialen Aspekt ihrer Verwundbarkeit durch herabhagelnde Granaten betrachtet, alle Menschen gleich sind, war bekanntlich der Ursprung der deutschen Gemeinschaftsideologie. Gemeinschaft, die Gleichheit nicht als gleiches Recht aller, ihre Verschiedenheit zu entwickeln, sondern als nivellierende Reduktion der einzelnen aufs Elementare durch eine äußere Elementargewalt zur Bedingung hat, ist nur ein anderer Name für Fremdenhaß. Im Krieg gegen das Ausland entdeckten die deutschen Soldaten die Wohltat des Verlusts von Distanz und Differenz zwischen den einzelnen – Merkmal jeder Zivilisation. Umherwatend im gleichen Schlamm, eingehüllt in den gleichen Gestank von Latrinen und verdreckter Kleidung, denselben Entbehrungen, Strapazen und Gefahren ausgesetzt, wurden die einzelnen einander ähnlich. Diese Entwürdigung und Quälerei als Gemeinschaftserlebnis genießen zu können, setzt Leute voraus, die außer ihrer kreatürlichen Bedürftigkeit nichts gemeinsam haben, denen alle Zivilisation, alle Kultivierung und Humanisierung des Kreatürlichen fremd und verhaßt ist und die es deshalb lieben, sich in den Zustand bloß noch kreatürlicher Bedürftigkeit zu versetzen. Zur Ausnahmesituation, der die Gemeinschaft entsprungen ist, führt das Verlangen nach ihr daher unweigerlich zurück. Gegen Kriegsende wurde die fiktive Volksgemeinschaft in jenen kleineren Einheiten, in die sie zerfiel, greifbare Realität: »Als die solchen großen nebelhaften Begriffen wie ›das Reich‹ oder ›die Wehrmacht‹ zugrunde liegenden Realitäten zerfielen, kämpften einzelne einfach für ihre eigene Kompanie oder auch nur Gruppe weiter. Die Elementargruppen, in die sich dabei die Städter gliederten, waren Luftschutzkellergemeinschaften. Diesen Sachverhalt drückt ein Berliner mit folgenden Worten aus: ›Das Kellervolk ist jedenfalls überzeugt, daß seine Höhle eine der sichersten ist. Nichts ist fremder als ein fremder Keller. Jeder Keller hat andere Tabus, andere Tricks.‹«*

Gemeinschaft II

›Gemeinnutz geht vor Eigennutz‹, lautete eine der gängigsten Parolen im Dritten Reich. Auch nach der Niederlage wurde sie beherzigt: »Jetzt vermahnte ein zorniger Kellergenosse in einem Berliner Keller eine Frau, die sich gegen den Vergewaltigungsversuch eines russischen Soldaten wehrte, mit den Worten: ›Nun gehen Sie doch schon mit, Sie gefährden ja uns alle!‹« Im

* Alle Zitate, sofern nicht anders angegeben, aus: Richard Grunberger, Das zwölfjährige Reich. Der deutsche Alltag unter Hitler, Wien – München – Zürich 1971.

Gegensatz zu anderen Armeen mangelte es der deutschen Wehrmacht nie an Freiwilligen für die Exekutionskommandos, welche die standrechtliche Erschießung von Soldaten aus der eigenen Truppe ausführen mußten.

Echt

Männer, die sich rechtzeitig der NSDAP angeschlossen hatten, machten im Dritten Reich rasch Karriere. Wenn ihre Gattinnen bei dem steilen Aufstieg nicht mithalten konnten, wurden sie häufig ausgewechselt. Auch die Zweit- und Drittfrauen waren jedoch vom neu erworbenen Reichtum und seinen gesellschaftlichen Verpflichtungen bisweilen überfordert. Über die Gattin des Führers der Deutschen Arbeitsfront, Ley, kursierte folgende Anekdote: »Als die zweite Frau Ley in einem exklusiven Antiquitätengeschäft gefragt wurde, welche Art von Wandbespannung sie gerne kaufen wolle, gab sie zur Antwort, es komme nicht darauf an, was für eine, nur echt müsse sie sein.«

Sinnlichkeit

Terry Lennox, um dessen rätselhaftes Verschwinden sich »Der lange Abschied« von Raymond Chandler dreht, klärt an der Bar Phil Marlowe darüber auf, wie sich die Reichen die Zeit vertreiben: »Es ist immer irgend etwas zu tun, wenn man nicht zu arbeiten oder auf die Kosten zu achten braucht. Es ist kein wirkliches Vergnügen, aber die Reichen wissen das nicht. Sie haben nie welches gehabt. Sie sehnen sich niemals sehr intensiv nach etwas, höchstens vielleicht nach eines anderen Weib, und das ist ein ziemlich matter Wunsch, verglichen mit der Begierde, mit der eine Klempnersfrau sich neue Gardinen wünscht.«

Aufstieg, Freizeit, Kreativität

In Ross Macdonalds 1956 erschienenem Kriminalroman ›Die Küste der Barbaren‹ spricht eine reiche Frau über ihren Vater, einen Einwanderer aus Zypern, der sich vom Restaurantbesitzer bis zum Millionär emporgearbeitet hatte: »Er hätte, weiß Gott, ebensogut auf Zypern bleiben können. Was hat es mir genutzt? Ich bin zum Schluß in einem Zimmer für Beschäftigungstherapie gelandet und habe getöpfert und Vorleger gewebt wie eine verfluchte Heimarbeiterin. Mit einem Unterschied: Ich habe dafür auch noch bezahlt. Ich muß immer alles bezahlen.«

Die schweigende Mehrheit vor der Verwirklichung ihrer geheimen Wünsche durch ihre Opfer bewahren!

»Ich weiß kein verhärteteres Kollektiv in der ganzen Welt«, schrieb Horkheimer über Deutschland in seinen ›Notizen‹. Ein Ausdruck solcher Härte ist es, wenn in diesem tierlieben Land wider die Natur die Väter ihre Söhne überleben. Wie Springer so verlor der Generalbundesanwalt Rebmann, der oberste Verfolger seiner im Durchschnitt 30 Jahre jüngeren Feinde, vergangenes Jahr durch Selbstmord seinen Sohn. Der Tod des Sohnes hat den Fahndungseifer des Vaters, der durchweg Personen verfolgt, welche im Alter seiner Kinder sind, nicht erschüttern können. Vielleicht woanders mahnt der Tod zum Eingedenken, zur Frage, ob eine Welt, in welcher sich die Söhne erfolgreicher Väter das Leben nehmen, denn wirklich mit Hochsicherheitstrakten und finalen Rettungsschüssen gegen alle Versuche, sie zu verändern, verteidigt werden soll; zum grüblerischen Zweifel am Wert jener Anstrengungen und Aufbauleistungen, deren Resultat der Sohn, der statt des Erbes den Freitod wählt, verschmäht; zur Skepsis, ob eine ganze Generation von Eltern, welche ihren Kindern eine Welt geschaffen hat, die sie nicht ertragen können, obendrein auch noch das Recht besitzt, diese Kinder zu verfolgen und zu richten. Hier aber wird der Tod nicht als Mahnung zum Eingedenken, sondern – exemplarisch nach dem Bombenanschlag aufs Münchener Oktoberfest – als Nagelprobe auf den Durchhaltewillen begriffen. Wir, die wir vom Hausmeister bis zum Vorgesetzten so ziemlich alles und jeden fürchten, wir lassen uns vom Tod, vom Tode anderer, von anderen Toten also, nicht erpressen. Die Toten von München: taktlose Spielverderber, Querulanten, Außenseiter. Sich mitten auf der Festwiese von einer Bombe zerfetzen zu lassen, um uns den redlich verdienten und hart erarbeiteten Spaß zu versauen. Von wegen, das Fest ging weiter.

Besonders die Kriegsgeneration, die mit der hohen Kampfmoral im Schlußverkauf, ist unverwüstlich. Vielleicht von jenen Leichenbergen, die sie in den Konzentrationslagern und an den Fronten schuf, nährt sich ein gnadenloser Überlebenswille. Es scheint, als habe dieses Monstrum die Lebenskräfte seiner 50 Millionen Opfer vampirhaft ausgesaugt, um diese Kräfte in solche der eigenen Zählebigkeit zu verwandeln. Der alte Kannibalenglaube, daß man durch den Verzehr des getöteten Feindes dessen Kräfte erwirbt, erklärt im 20. Jahrhundert, wo den Überlebenden die Mägen platzen müßten, äßen sie alle getöteten Feinde auf, ein Mysterium eigener Art: das deutsche Wirtschaftswunder. Wie jener Rentner, der in der Berliner Gedächtniskirche Dutschke mit seiner Krücke niederstreckte, macht diese Generation aus jedem Holzbein eine Waffe. Im 77jährigen Greis, der sich – am 8. Oktober 1980 in Hannover – über das Benehmen eines 50 Jahre jüngeren Mannes geärgert hatte und ihn deshalb im Nahkampf mit dem Messer totstach, erscheint ein bösartig gewordener Selbsterhaltungstrieb. Er klammert sich ans Leben, nicht weil er es liebt, sondern weil er will, daß alle anderen vor ihm sterben. Sein Triumph ist das Vergnügen, kurz vor dem unvermeidlichen eigenen Untergang noch den der anderen zu sehen. Sein letzter Blick sucht nicht wie der von Moses das gelobte Land, um mit der Gewißheit, daß die Kinder und Enkel dort glücklich leben werden, in Frieden zu sterben. Er möchte, bevor er stirbt, am liebsten ringsum die Atomblitze zucken sehen. Wenn er die Welt, bevor er sie verläßt, zur Hölle macht, dann hat er die Hölle im Jenseits nicht zu fürchten. Das war die Erlösungshoffnung und die Eschatologie der Nazis, die in dem Wörtchen Endsieg steckt. Kein Schwerbeschädigter, der seinen Ausweis nicht wie einen Haftbefehl, und kein Rentner, der seine Platzkarte nicht wie eine Dienstmarke präsentieren würde. Sie legen nicht Wert auf den Sitzplatz, sondern auf die Befehlsgewalt, andere, die weder Krüppel noch verwelkt und verbittert sind, zu vertreiben. Wenn es nur möglich wäre, riefen sie gleich die Polizei und ließen alle verhaften.

Im Blick, mit dem die Alten ihre Kinder, die Chaoten, Randalierer, Terroristen und Verfassungsfeinde mustern, sticht eine mitleidlose Härte zu, welche die Deutschen sich vielleicht damals erworben haben, als sie es duldeten, daß Frau Hermine Braunsteiner in Majdanek kleine Kinder auf Lastwagen schmiß und in Gaskammern verlud und dafür mit dem Kriegsverdienstkreuz Zweiter Klasse ausgezeichnet wurde. Vielleicht weil sie in ihren Kindern die Racheengel jener nicht im Blutrausch von einer Soldateska, sondern wider alle Gesetze einer elementaren, fast kreatürlichen Menschlichkeit von besonnenen deutschen Frauen umgebrachten Kinder fürchten, vielleicht deshalb können die Alten hier nicht mit sehnsüchtiger Liebe und wehmütigem Verzicht auf die Jüngeren schauen und mit Trauer und Schmerz wie dem Wunsch zu verzeihen auf das, was sie für die Entgleisungen und Verirrungen der Jüngeren, für ihr Unglück halten müssen.

Sondern verkniffen und verhärtet, wie sie sind, wollen sie das, was die Jüngeren ihnen voraus haben, auch besitzen, und wenn sie es trotz Seniorenkost, Reformhausnahrung und Knoblauchpillen nicht besitzen können, dann wollen sie es vernichten. Die Mordabsichten gegen jeden Funken nicht verhärteten Lebens, denen damals die Juden und Zigeuner zum Opfer fielen, erklären heute die ungewöhnlich hohe Kindersterblichkeit im hiesigen Straßenverkehr, und sie erklären die gerade unter Rentnern besonders verbreitete deutsche Version des Bürgersinns, das Denunziantentum und das Spitzelwesen.

In Kriegsschilderungen aus fremden Ländern ragt oft aus der allgemeinen Barbarei die Geschichte einer Frau hervor, die vor den eigenen Leuten den feindlichen Soldaten verbirgt und ihm das Leben rettet, weil er sie an den Sohn, den Bruder, den Gatten erinnert, der sich, auf der anderen Seite der Front, in einer ähnlichen Situation befinden mag. Und als im November 1973 griechische Militärpolizei die Athener Studenten durch die Straßen hetzte, da standen viele Türen offen. Für die Bevölkerung waren die verfolgten Studenten nicht mehr politische Partei, deren Anhänger oder Gegner man sein kann, sondern sie waren die eigenen, in große Not, in Lebensgefahr geratenen Kinder. Die Berliner Studenten hingegen, an denen die Polizei gerade die neue Leberwursttaktik ausprobiert hatte, waren, wie Adorno es formulierte, »die Juden der Stadt«. Und keine Scheu vor dem Gedanken, es könne der eigene Sohn oder die eigene Tochter sein; kein Mitleid mit dem Schmerz der Mütter und Väter hindert die Alten daran, durch systematische Denunziation die Jüngeren dem finalen Rettungsschuß, der Putativnotwehr oder dem lebenslänglichen Hochsicherheitstrakt zuzuspielen. Die rüstige Rentnerin, ohne deren Anruf bei der Polizei Günter Sonnenberg keinen Kopfschuß davongetragen hätte, prahlte nach vollbrachter Tat gut gelaunt vor dem Interviewer mit ihrer Beobachtungsgabe und ihrer Erfolgsbilanz. Denunziation ist ihr Hobby, ihr Seniorensport ist die verdeckte Menschenjagd. Sie, die jene stillschweigende Konvention gebrochen hat, auf welcher alles erklärte Recht basiert – sie würde anderswo geächtet und angespien. Die Verwandtschaftsgrade, die mit ihrem Namen ein Verhältnis intimer, schützender Nähe verallgemeinern – bis hin zur Vorstellung, daß alle Menschen Gottes Kinder und einander deshalb Brüder und Schwestern sind – bleiben zwar hilfloser Appell; ohne sie aber existierte weder die partikulare Humanität, die erst erlaubt, die davon verschiedene Barbarei des Ganzen zu erkennen, noch existierte der Begriff der Menschheit und damit die Idee ihrer Befreiung. Die Volksgemeinschaft aber, die damals, auf die verbindende Kraft des Blutes schwörend, Ahnenforschung trieb und heute schon wieder vor der Asylantenwelle und der Überfremdung warnt – diese Volksgemeinschaft kennt zwar Muttertage und Mutterkreuze, Müttergenesungswerke und Kindergeld und als Pendant dazu unter dem Titel ›Vernichtung lebensunwerten Lebens‹ den konzessionierten Mord an den eigenen Kindern; in Wahrheit aber kennt sie wie der Hitlerjunge, der seine Eltern bei der Partei verpfiff, weder Brüder noch Schwestern, weder Eltern noch Kinder, sondern sie unterscheidet nur zwischen sich selbst als dem verstaatlichten Zwangskollektiv, der Verfolgergemeinschaft, und ihren auszumerzenden Feinden. Als Brückner die triviale Wahrheit aussprach, daß die Mitglieder der RAF nicht vom Himmel gefallen, sondern Landeskinder waren; als er, nur das Kausalgesetz, den Grundsatz von Ursache und Wirkung bemühend, daran erinnerte, daß die Aktionen der RAF in ihren Entstehungsbedingungen, nämlich in den bundesrepublikanischen Verhältnissen, begründet sind – da wurde er von der Regierung aus der Universität ausgebürgert.

Kein Grund zur Hoffnung also, ein Appell an die Humanität könne hier etwas bewirken. Der Generalbundesanwalt, der durch Selbstmord seinen Sohn verloren hat, verfolgt Personen, die im Alter seines verstorbenen Sohnes sind, mit ungebrochener Härte weiter. Die Verbreitung der Erklärung jener politischen Gefangenen, die am 2. Februar 1981 in den Hungerstreik getreten sind, wird von der Bundesanwaltschaft als ›Unterstützung einer kriminellen Vereinigung‹ gewertet. Eine Person sitzt wegen dieses Deliktes, welches die moralische Unterstützung von Gefangenen zum Verbrechen deklariert, bereits in Untersuchungshaft. Menschlichkeit bleibt strafbar.

Für die Freilassung der politischen Gefangenen gibt es einen anderen Grund. Im *Spiegel* berichtete Peter Jürgen Boock, die RAF plane die Sprengung des Heidelberger Schlosses als ›finale Aktion‹. Ganz gleich was von den Angaben Boocks zu halten ist: Genau diese Aktion haben alle – die Reaktion der Öffentlichkeit beweist es – insgeheim von der RAF erwartet. Den geheimen Wünschen der schweigenden Mehrheit aber kann niemand, der ihr durch Haft und permanente Verfolgung vollkommen schutzlos ausgeliefert ist, auf Dauer widerstehen. Die schweigende Mehrheit vor der Verwirklichung ihrer geheimen Wünsche durch ihre Opfer bewahren, kann in diesem Falle nur ein Mittel, nämlich die Amnestie.

Der 8. Mai, der Tag der Befreiung, wäre ein passendes Datum. Gegen die Kanzlerphrase, der Rechtsstaat müsse Flagge zeigen, erinnert der 8. Mai daran, daß die historische Vernunft in diesem Land sich niemals zusammen mit der Flagge zeigte, sondern nur dort, wo es kapitulierte. Dies erstmals in der Geschichte freiwillig zu tun, wäre ein bescheidener Beitrag zur ›Bewältigung der Vergangenheit‹ und die einzige Rettung vor dem nächsten Endsieg.

Mut zur Zukunft

›Mut zur Zukunft‹ will der Kanzler machen, ›Mut für eine bessere Zukunft‹ fordert, mit der unverwechselbaren Originalität linker Sozialdemokraten, die parteiinterne Opposition. Es gibt die Daseinsvorsorge, den Todesfallversicherungsschutz und die Zukunftsforschung, und nur die Punker haben mit ihrer lakonischen Parole ›no future‹ die passende Antwort darauf.
Das liegt am nekrophilen Charakter dieser Zivilisation. *Erst wenn eine Sache gestorben ist, kommt sie richtig in Mode.* Als das Ich sich in Mißfallen über sein Verschwinden aufgelöst hatte, bekam das Ich-Gedicht Konjunktur; als kein Selbst mehr zu finden war, brachen die Leute wie früher zum Heidelbeerpflücken gleich scharenweise auf, um danach zu suchen; erst als sich dies kaum noch begründen und begreifen ließ, begann man, seinen Körper zu lieben, und wachsende Empfindungslosigkeit glich man durch einen Reklamefeldzug für Liebe, Zärtlichkeit und Gefühle aus – natürlich ohne dabei zu erröten. Es geht den Dingen wie den Leuten: erst wenn sie mit einem Fuß schon im Jenseits stehen, bekommen sie den Seniorenpaß und sollen dann als frohgemute junge Wandersleut per Bundesbahn die Welt erleben und genießen.
Als die Zukunft ins Gerede kam, hatte man sie längst hinter sich, als man sich Sorgen darum machte, war man sie schon los. Aber das Leben geht weiter, tröstet man sich, und die Jugend oder die jungen Menschen, die später unsere Rente finanzieren werden, bürgen dafür. Wo es junge Menschen gibt, die das Leben noch vor sich haben, steht es um die Zukunft nicht schlecht. »So alt, wie ich es bin«, klärt eine gestrandete 15jährige ihren jovialen Lebensberater auf, »werden Sie niemals werden« – natürlich nicht bei Angst-Duhm, Gruppen-Richter oder im bigotten westdeutschen Alternativmilieu, sondern in einem amerikanischen Krimi. Viel schneller und viel gründlicher als die Alten werden die Jungen, die der Gegenwart keine Erinnerung an bessere Zeiten entgegensetzen können, in einer sterbenden Gesellschaft senil, kindisch, autistisch, greisenhaft. Kein Blick, aus dem vergangene Hoffnung und Lebenslust hervorblitzt, leuchtet je in ihren früh verloschenen Gesichtern auf. Um so alt zu werden, wie heute die 20jährigen sind, hätte ein Mensch früher dreihundert Jahre gebraucht. Und während die Punks sich dazu immerhin bekennen, machen die anderen es im zarten Alter bereits wie die späten Mädchen: Sie

äffen, wenn sie bangen Optimismus zur Schau tragen und scheinbar vor Gefühlen überquellen, die Jugend nach.
Im Jugendkult, in der Jugendbewegung, im Jugendstil verrät sich die Torschlußpanik einer ganzen Zivilisation. Die Jugend ist ein Synonym für Kontinuität und Wechsel, die logische Voraussetzung fürs Weitermachen und die Wende. Wenn man nicht mehr weitermachen kann wie bisher, wenn es obendrein zu spät ist, sich zu ändern, und wenn man dann trotzdem noch mindestens weitere tausend Jahre durchhalten möchte – dann werden solche Garantien gebraucht. Als nach dem ersten Weltkrieg Spenglers Untergangsbuch ein vielbesprochener Bestseller wurde, hatten Jugendbewegung und Jugendstil ihre beste Zeit zwar schon hinter sich, aber immer noch Konjunktur. Schließlich hat Spengler mit Unterstützung der Jugend gegen den Jugendkult Recht behalten. Der frische Elan, die Begeisterung, das jugendliche Ungestüm, mit dem sich ganze Schulklassen freiwillig an die Front meldeten, war kein Neubeginn, sondern der Anfang vom Ende. Die abendländische Gesellschaft, nach eigenen Angaben über zweitausend Jahre alt, benahm sich, als sie plötzlich in Aufbruchstimmung geriet, wie ein Lebegreis. Das Alter freilich rächt sich bitter an denen, die es ignorieren, rabiate Verjüngungskuren beschleunigen in der Regel nur den Tod. Und wenn eine Gesellschaft, die alt genug geworden ist, um Atomraketen zu bauen und die ganze Welt auszuplündern, am Ende ihrer Tage wieder so jung werden möchte wie damals, als die Athener gegen die Spartaner kämpften als es noch Mythen, aber keine Farbfernsehgeräte gab – dann ist die Warnung berechtigt: Vorsicht, Kernwaffengebrauch. Es ist, wie wenn ein Lokführer, 20 000 PS an der Hand, nicht mehr den Signalen an der Strecke gehorcht, sondern denen aus seinem Inneren. Für Kindereien und Jugendstreiche ist das industrialisierte Abendland nicht nur zu alt, sondern auch zu mächtig geworden. »Ein Mann kann nicht wieder zum Kind werden, oder er wird kindisch«, schreibt in einer Betrachtung über einerseits den Reiz griechischer Kunst und Mythologie fürs moderne Bewußtsein, andererseits die Unmöglichkeit, solche Kunst und Mythologie heute zu reproduzieren, Karl Marx in den ›Grundrissen‹. Der kindische Mann aber ist ein Kind mit Manneskräften und deshalb nicht nur ein Idiot, sondern auch gefährlich. Den Genuß, den antike Kunst und Mythologie dem modernen Bewußtsein gewähren, erklärt Marx damit, daß sie der geschichtlichen Kindheit der Menschheit entsprungen sind. Allem späteren Fortschritt gegenüber haben die Griechen eines voraus, nämlich den unwiederholbaren Anfang: »Der Reiz ihrer Kunst für uns steht nicht im Widerspruch zu der unentwickelten Gesellschaftsstufe, worauf sie

wuchs. Ist vielmehr ihr Resultat und hängt vielmehr unzertrennlich damit zusammen, daß die unreifen gesellschaftlichen Bedingungen, unter denen sie entstand und allein entstehen konnte, nie wiederkehren können.«

Dies wehmütige ›nie wieder‹, diese respektvolle Verneigung vor dem Alter, vor dem Alter der abendländischen Zivilisation, diese tapfer durchgehaltene Einsicht, daß der unvermeidbar notwendige Fortschritt selbst dann, wenn er gelingt, einen ebenso unvermeidlichen Preis von den Menschen fordert – den nämlich, daß sie dann, wenn sie nicht mehr am Gängelband der Natur hängen, sondern über sie verfügen, auch keine Kinder mehr sind; dieses Geschichtsbewußtsein als Gespür für die Distanz, die uns von der vergangenen Jugend dieser Gesellschaft trennt, diese Erkenntnis des notwendigen Verzichts ist heute hemmungsloser Raffgier gewichen. Die Zukunftspläne – ob nun die Propheten der ökologischen Wende oder die Befürworter militärischer Stärke sie schmieden – setzen ein einfaches Kalkül voraus: Wer seine Würde einmal verloren hat, kann eigentlich nur noch gewinnen. Das industrialisierte Abendland gleicht, wenn es unverdrossen seine eigene Zukunft plant, seinen am tiefsten gedemütigten Hätschelkindern: den Alten und den Krüppeln nämlich, denen man die Unverschämtheit, sich wie die Jungen und Gesunden zu benehmen, als ihr Recht eingeredet hat und die nun vielleicht glauben, eine sittliche Pflicht zu erfüllen, wenn sie nach Mallorca fahren und dort, zur Not mit Krücke und Rollstuhl und allen anderen zum Gespött oder zum Graus, noch mal das Tanzbein schwingen. Das ungeheure Alter dieser Zivilisation; die Tatsache, daß in ihren Resultaten unzählige verpfuschte, in Fabriken verkommene Menschenleben stecken; niedergeschlagene Revolten und verpaßte Revolutionen en gros; zwei Weltkriege, Atombomben und Vernichtungslager – das macht uns, so lautet die unausgesprochene Parole des alternativen wie des konventionellen Lebenshungers, überhaupt nichts aus. Jung sein ist eine Herzensfrage, das Recht auf eine Zukunft lassen wir uns nicht bestreiten, und Marx ist überholt, denn Mythen gibt es, für drei Mark achtzig von Rowohlt, in jedem Warenhaus. Nicht nur im Alternativmilieu gilt die Wildwest-Devise: Hol dir den Geschmack von Freiheit und Abenteuer, nimm dir, was du brauchst. Und wenn die ganze Entwicklung, die großen Werke wie der 18-Stunden-Tag für die Katz gewesen sind, dann fangen wir einfach bei der Landwirtschaft, mit ökologischer Schafzucht und biodynamischem Ackerbau noch mal ganz von vorne an. Ruinen sind – das haben wir in der Schule von Schiller gelernt – nicht zum Trauern da, sondern aus ihnen soll neues Leben sprießen.

So geht das Abendland unaufhaltsam seinem Untergang entgegen. Denn eines ist klar: solange die Leute zum Weitermachen entschlossen sind, wird es vielleicht noch fünf oder zehn weitere neue Friedensbewegungen, aber keinen Verzicht auf Kernwaffen geben. Demgegenüber hätte der kollektive Entschluß, sich still zurückzuziehen und langsam friedlich auszusterben, zwei Vorteile. Das wäre, nachdem die revolutionäre Befreiung der Menschheit gescheitert ist, wenigstens ein passabler Abgang, der außerdem die Möglichkeit böte, noch ein bißchen länger zu leben.

Vier Milliarden Ausländer

Weltuntergänge sind von den Titelseiten verschwunden, an ihre Stelle ist das Ausländerproblem gerückt. Annähernd hundertmal mehr Ausländer als Deutsche leben auf der Erde, und während die Deutschen in ihrem kleinen und geteilten Land zusammenrücken, breiten die Ausländer sich auf allen Kontinenten aus. Nun wollen sie den Deutschen auch noch ihre letzte Zuflucht, ihre Heimat nehmen. Im Krieg unbesiegt, kann Deutschland nur seiner eigenen Langmut erliegen. Und statt in offener Feldschlacht anzutreten, sickern die Ausländer heimlich ein.
Die großen Magazine setzen deshalb Beschatter auf türkische Arbeiterfamilien an (*Die Zeit* Nr. 5, 29. 1. 1982: Nina Grunenberg. »Was tun mit den Türken?« *Der Spiegel* Nr. 11/82: Hans Joachim Schoeps, »Dann geh' ich rauf und hol' ein Messer«), um den Feind zu enttarnen. Der Feind ist enttarnt, wenn der Reporter beweist, daß auch der unauffälligste und angepaßteste türkische Arbeiter nur so scheint und in Wahrheit für Deutschland dasselbe bedeutet, was die Deutschen einander oder Deutschland für den Rest der Welt im Bewußtsein der Deutschen: eine einsame Insel inmitten fremder Kultur, ein Fremdkörper oder eine belagerte Festung, bedroht und bedrohlich zugleich, und abgeschnitten von jeder Verbindung.
›Vor Ort‹, wie es im Jargon solcher Frontberichterstattung heißt, läßt dann zum Beispiel der *Spiegel*-Redakteur seinen Gastgeber, einen türkischen Arbeiter, der zufällig in einer Uhlandstraße wohnt, gekonnt über die Fangfrage stolpern: Ob er wisse, wer Uhland war. »Ein General«, lautet die Antwort. Ein Kulturskandal, schlußfolgert der Leser – in einem Land, wo jeder Kreuzworträtselrater weiß, daß Uhland erstens kein General war, sondern ein Alleskleber, und zweitens gar nicht Uhland, sondern Uhu heißt. So tief ist der Graben zwischen Türken und Deutschen. Keine Ameise würde ihn bemerken, nur der Redakteur schaut mit tiefem Blick in schwindelnde Abgründe hinab.
Die Sehergabe des Redakteurs entstammt seiner Fähigkeit, sich überall dort noch zu wundern, wo jeder andere schon gähnt. Das Dauerwundern und das Durchhaltevermögen dabei wiederum sind Resultate der vorgefaßten festen Meinung oder der fixen Idee, daß die Türken den Deutschen absolut wesensfremd seien. Allein schon, daß sie eine Nase und zwei Ohren haben, ist unter

dieser Voraussetzung erstaunlich. Der Geruch von Hammel und Orient, den die Reporter mit nie erlahmendem Eifer stets aufs neue bei Türken erschnuppern, ist eigentlich nur dann mitteilenswert, wenn bereits der Umstand befremdlich erscheint, daß Türken kochen, daß sie essen, daß es sie überhaupt gibt. Die Existenz der Türken als selbstverständlich vorausgesetzt, ist auch der Geruch von Hammel und Orient nicht mehr erstaunlich, weil es bei allen Menschen – im Unterschied zu den Tieren, wo die eigenen Ausdünstungen und Ausscheidungen die Duftnote bestimmen* – nach den Speisen und Gewürzen riecht, die sie kochen und essen. Daß Türken manche Gerichte mögen und sich bei anderen weigern, sie auch nur in den Mund zu nehmen, daß Türken sich also anmaßen, beim Essen wählerisch zu sein, ist ein Luxus oder eine Eigenwilligkeit, die sie mit allen anderen kultivierten und zivilisierten Menschen und Völkern teilen. Wenn der deutsche Reporter gerade darin die Fremdheit sieht, ist das sein Problem.

Die vorgefaßte feste Meinung oder die fixe Idee, daß die Türken den Deutschen absolut wesensfremd seien, oder der Wille, die Türken zu vertreiben, ist der Ursprung und Motor sämtlicher Argumente in der Debatte ums Ausländerproblem. Es klagen Leute, die sich en famille vorwiegend durch Grunzen, per Zuruf oder Zettel und mit dem Nachbarn über den Anwalt verständigen, daß man mit Türken, wenn welche da wären, kein freundliches Wort auf der Treppe wechseln und schon gar kein tiefschürfendes Gespräch führen könnte – dieselben Leute, die sonst über Kontaktarmut und Einsamkeit klagen und später in der Zeitung stehen, wenn sie, von ihren Nachbarn unbemerkt, schon drei Monate tot in der eigenen Wohnung lagen; dieselben Leute also, die dann, wenn Kontaktfreudigkeit eine Voraussetzung fürs Anwesenheitsrecht wäre, mit ihrer Ausweisung stündlich zu rechnen hätten. Es warnen Leute, die kaum fähig sind, in freier Rede zwei zusammenhängende deutsche Sätze zu bilden, vor der kulturellen Überfremdung – Leute also, die im Interesse der von ihnen vermeintlich gewünschten kulturellen Reinigung zuallererst als kulturschädliche Elemente zu deportieren wären. Es haben Leute, die selbst einen Altersruhesitz in der Toskana oder der Provence besitzen oder sich mit Auswanderungsplänen, z. B. nach Australien tragen, absolut kein Verständnis dafür, daß Türken sich nicht dazu entschließen können, für immer in der Bundesrepublik zu bleiben – dieselben Leute also, für die Paßentzug und tägliche

* Darum riecht es in Häusern verschieden, darum stinkt es in allen Schweineställen gleich.

Meldepflicht bei der nächsten Polizeidienststelle eingeführt werden müßte, wenn in der Bundesrepublik statt Freizügigkeit der Grundsatz gelten würde: wer hier leben will, muß auch hier sterben. Journalisten, die sonst am laufenden Meter Schauergeschichten über Frauenhäuser, Gewalt gegen Frauen, Gewalt in der Ehe und Kindesmißhandlungen verbreiten, präsentieren die Tatsache, daß auch Türken mit ihren Frauen nicht so umgehen, wie es besser wäre, als besondere Delikatesse und als türkische Spezialität – dieselben Journalisten also, die wissen müßten, daß jedes Junktim zwischen Aufenthaltsgenehmigung einerseits und andererseits praktizierter Vernunft und Humanität im Verhältnis der Geschlechter keine Handhabe gegen Ausländer böte, wohl aber einen Grund, das ganze Land total zu entvölkern.
Es kleiden Politiker und allen voran der Bundeskanzler ihre Drohung gegen die Ausländer in die Warnung vor der wachsenden Ausländerfeindlichkeit – dieselben Politiker, die nicht im Traum daran denken würden, dem Volkszorn eine Startbahn, ein Atomkraftwerk oder die diplomatischen Beziehungen zu den USA zu opfern. Politiker, die staatliche Restriktionen gegen Ausländer mit der wachsenden Ausländerfeindlichkeit begründen, verbünden sich bedenkenlos mit demselben Mob, den sie ebenso bedenkenlos durch Entzug von Sozialhilfe, Arbeitslosengeld, durch die Aussicht auf höhere Mieten, soziale Deklassierung usw. in die Enge treiben. Die geduldige Hinnahme der eigenen Verarmung und Deklassierung wird bei der Bevölkerung stillschweigend vorausgesetzt, doch wenn die Bevölkerung keine Ausländer mehr ertragen könne, dann – so geben die Politiker zu verstehen – würde man dafür Verständnis haben; Politiker, denen man, nebenbei bemerkt, bei Strafe der Beamtenbeleidigung die Fähigkeit nicht absprechen darf zum simplen Rückschluß: Wenn heute die Ausländer Ursache sind für die Ausländerfeindlichkeit der Deutschen, dann waren damals an Auschwitz die Juden selber schuld. Es hätte sie nur ganz einfach nicht geben dürfen, dann hätte niemand etwas gegen sie gehabt, und dann hätte man sie natürlich auch nicht umgebracht. Vertreiben, verfolgen und töten kann man nicht den, der nicht lebt. Wer lebt, und dies auch noch als Ausländer in Deutschland, hat sich die Folgen selber zuzuschreiben. Das Opfer ist schuld, nicht der Täter.
So dumm, wie die Deutschen in der Ausländerdebatte argumentieren, kann niemand sein, ohne handfeste Gründe zu haben, so dumm sein zu wollen. An die Erforschung dieser Gründe ist schon viel Scharfsinn verschwendet worden. Man hat die Psyche der Deutschen so sorgfältig studiert wie ihre Geschichte, und unter anderem hat man auch eine ›Sündenbock-Theorie‹ erfunden. Sie

besagt, daß die Bevölkerung die wirklichen Gründe der Wirtschaftskrise nicht begreifen könne und nun glaube, die Ausländer seien an der Misere schuld. In Wahrheit ist es gerade umgekehrt. Die Leute wissen genau, daß es ihnen ohne Ausländer nicht besser, sondern schlechter ginge, denn dann wären sie selbst ganz unten, fürs Bewußtsein der anderen, fürs eigene und in der Realität. Sie wissen genau, daß sie von der Vertreibung der Ausländer nicht den geringsten Nutzen hätten. Nicht die Ausländer sind der Sündenbock für die Wirtschaftskrise, sondern die Wirtschaftskrise ist willkommener Vorwand und Alibi, irgendwelche Minderheiten zu verfolgen. Das ökonomische Argument – die Arbeitsplätze – ist wie alle anderen nur vorgeschoben und tarnt den einfachen Wunsch und Willen, zu vertreiben. So rennt man, wenn man mit Vernunftgründen gegen die Ausländerhatz polemisiert, nur offene Türen ein. Daß jeder Punkt, von den Arbeitsplätzen bis zur kulturellen Überfremdung, eine faustdicke Lüge ist, wissen die vermeintlich Unwissenden selbst am besten. Was hilft's, jemanden belehren und aufklären zu wollen, wenn er ein handfestes Interesse daran hat, dumm zu sein oder wenigstens so zu erscheinen. Und diese Leute haben ein Interesse daran, dumm zu sein oder wenigstens so zu erscheinen, weil die Dummheit jene Schlechtigkeit begründet und entschuldigt, zu der sie Lust hätten: die Vertreibung, das Pogrom.

Man hat in diesem Zusammenhang die Türken mit den Juden verglichen, aber so einfach wiederholt die Geschichte sich nicht. Im Gegensatz zu den Juden sind die Türken türkische Staatsbürger, und die Türkei ist erstens ein selbständiger Staat und zweitens Mitglied der NATO. Sein Vorrecht, die eigene Bevölkerung einzusperren und zu massakrieren, mag kein souveräner Staat mit anderen Regierungen teilen. Wer in der BRD den Türkenfresser spielt, knabbert an der Südostflanke der NATO, was verboten ist. So werden die Leute all ihren hochgereizten Vertreibungswillen verdrängen und hinunterschlucken müssen, wenn sie Blut gerochen haben, macht die Küche wieder zu. Mit heftigen seelischen Verdauungsstörungen ist zu rechnen, wahrscheinlich nehmen in zwei Jahren plötzlich die Depressionen und Einweisungen in geschlossene Anstalten sprunghaft zu.

Der Weg des ›Kursbuchs‹ in die neudeutsche Klebrigkeit

I

Das Kursbuch – so gratulierten die Feuilletons diesem Magazin zu seiner 50. Nummer – sei aus dem kulturellen Leben der Bundesrepublik nicht mehr wegzudenken, und die pessimistische Prognose, daß kein Ende abzusehen sei, hat sich inzwischen erfüllt. Empfindsame Gemüter trifft kein Tadel härter als falsches Lob, und unerbetener Zuspruch bewegt sie mit größerer Gewißheit als ätzende Kritik zur Einkehr. Das Kursbuch aber sah sich von dem vernichtenden Urteil, welches die Feuilletons in wohlmeinendster Absicht über es fällten, in seiner vorangegangenen Publikationspolitik nur bestätigt und setzte nach Kindern (34) und Frauen (47) – es trifft immer die Wehrlosen – auch noch die Jugend (54) ins Programm. Die Integrationstitel, die mit dem vertraulichen, schalkhaft-verschmunzelten ›unser‹ (Unsere Bourgeoisie, Unsere Unterwelt), fanden in ›Unser Rechtsstaat‹ ihre Fortsetzung, und sie bewiesen, daß sich das Kursbuch nicht nur als Institution von nationalem Rang, sondern auch als zuständig für die Nation versteht. Längst ehe Martin Walser es satt bekam, aus seinem Herzen eine Mördergrube zu machen, und öffentlich bekannte, dort fühle er deutsch – als hätte nicht jeder Gefühle, die man besser verschweigt –, und längst ehe die deutsche nationale Wiedergeburt in Mogadischu sich mit späten Folgeschäden bei der Neuen Linken bemerkbar machte (Schlöndorff über die Arbeit der Kluge-Crew am Strauß-Film ›Der Kandidat‹: »Ja, alle sind wir natürlich gegen Strauß, aber wir sind für Deutschland. Das möchte ich betonen, daß wir alle von einem merkwürdigen Patriotismus getragen waren bei der Arbeit zu diesem Film.«) – längst davor also hatte das Kursbuch die vom Klassenantagonismus zerrissene Gesellschaft zur nationalen Gemeinschaft vereint, in welcher die Bourgeoisie nicht diese, sondern die unsere ist, und wir, die mit seniler Nachsichtigkeit geschlagenen, altgewordenen Neuen Linken, sind ihre übermütig, aber niemals bösartig gewesenen Kinder, in denen mit den Jahren auch die resignative Einsicht und das Verständnis für die unverzeihlichen Fehler und Schwächen der Eltern reift. Der Titel ›Wir Kleinbürger‹ formuliert das in Deutschland zur Verbrüderung notwendige Selbstverständnis, das gleiche, welches Unteroffiziere und Mannschaften damals hatten, als sie

bei dem Geständnis, sie seien allesamt arme Frontschweine, einander näherkamen.
Den terroristischen Massakern unter der Zivilbevölkerung, von denen die Bundesregierung sprach, schleuderte das Kursbuch ein flammendes ›Leben gegen Gewalt‹ entgegen – als Wallraffs genialer Buchtitel ›Was wollt ihr denn, ihr lebt ja noch‹ die einzig richtige Antwort auf den neuen Lebenshunger gewesen wäre, da war er natürlich schon vergessen. Während sich die Situation in den Haftanstalten zuspitzte, tätschelte die Neulinke liebevoll ihren welk gewordenen Bauch. ›Sinnlichkeiten‹ war ein Thema, von dem sich die aufs Kursbuch abonnierten Lehrer, Sozialarbeiter und der akademische Mittelbau noch ein leises Prickeln versprachen, und der Plural zeigt, wieviel einer braucht, wenn er nichts hat. Als nicht nur das Kursbuch seine Zukunft längst hinter sich hatte, da formulierte es, ausgewogen wie das Fernsehprogramm, in einem Band Zweifel und im folgenden – Ende gut, alles gut – Lust an derselben. Und als den Kursbuchherausgebern gar nichts mehr einfiel, da druckten sie einfach Fotos ab und waren als knallharte Profis dreist genug, die alte Illustrierten-Masche als etwas Neues und die mit zahllosen Meine-wahre-Geschichte-Beiträgen vorbereitete und mit dem Bilderbuch vollendete Analphabetisierung als ›andere Art des Lesens‹ zu verkaufen.
Die genannten Sünden, mit der Selbstentpolitisierung der Linken, mit dem Ersatz radikaler Politik durch Propaganda (linker Publikationsboom) und deren schließlicher Verwandlung in seichte Kultur (die Linke kann nur noch Filme, Theater, Gedichte und Tongefäße töpfern, und das alles reichlich schlecht) stets verbunden, erklären zwar den Niedergang des Kursbuches, aber sie erklären nicht den mit diesem Niedergang verbundenen Markterfolg. Was den erklärt, das könnte man, da es nun schon die Neue Subjektivität, die Neue Sensibilität und die Neue Sinnlichkeit gibt und mit dem Niveau des Gegenstandes ohnehin unvermeidlich auch das der Kritik an demselben sinkt – das könnte man also als neudeutsche Klebrigkeit bezeichnen. Die nach dem Kiosk-Muster ›Meine wahre Geschichte‹ gestrickten Beiträge, die dilettantischen und peinlichen Lebensbeichten und Geständnisse, die exhibitionistischen Protokolle und Berichte, deutscher Biedersinn und deutsche Verklemmung in Gestalt von mit tierischem Ernst und wissenschaftlichem Eifer betriebener Enthemmung – das war im wörtlichen wie übertragenen Sinn das Fleisch der letzten 25 Nummern. Ihr Rückgrat aber waren die professionell geschriebenen Tendenzartikel. Sie erteilten dem Trend, den die aus der Szene herausgekitzelten Geständnisse zu extrapolieren erlaubten, den weltanschaulichen Segen. (Die wenigen vorzüglichen Artikel, die

sich – niemand ist vollkommen, nicht mal der schlechte Geschmack – bisweilen ins Kursbuch verirrten, um dort resonanzlos unterzugehen, werden hier nicht erwähnt.) Der Kursbuchleser war froh, wenn er von Peter Schneiders Problemen mit einem großen Busen erfahren durfte (Nr. 35). Aber zufrieden war er, dem der Pudding ohne die Soße ›Neue Sensibilität‹ nicht schmecken will und der – die Deutschen sind ein ideologisches Volk, Carl Carstens – immer eine Weltanschauung braucht und ein gutes Gewissen, zufrieden also war er erst, als der Fachmann Rudolf zur Lippe ihm erklärte, bei diesem oder irgendeinem anderen Phänomen, wer will das heute alles noch auseinanderhalten, handele es sich um die Neue Subjektivität.

Im Land der getrennten Ehebetten und Toiletten und komplementär dazu der Freikörperkultur; in einem Land, wo, so darf man aus diesem wie Berufsverbot und Sauerkraut unübersetzbaren und international gebräuchlichen Wort schließen, die verbotene Lust, einen nackten Körper zu betrachten, nur in der Form eines konzessionierten kulturellen Befreiungserlebnisses des Körpers, Prädikat Besonders Wertvoll, geduldet wird; in einem Land, wo folglich der Striptease erst als subventionierte Veranstaltung des Staatstheaters einem breiteren Publikum zugänglich wurde, welches den Genuß, in ›Maria Stuart‹ die Protagonistin nackt auf der Bühne zu sehen, dann freilich gleich mit zwei Stunden Schiller abbüßen muß – umsonst ist nichts, schon gar nicht im Sozialstaat; in einem Land, wo – wiederum eine logische Schlußfolgerung – das Geschäft mit der Nacktheit staatlich subventioniert werden muß, während *Hör Zu* durch ihre Lebensproblemberatungsspalte (Fragen Sie Frau Irene) zum Bestseller wurde – in einem solchen Land also war zu erwarten, daß sich zum degoutanten Spektakel zahlreiche und unter den zahlreichen etliche zahlende, hier: vorabdruckende Zaungäste einfinden würden.

Die Neulinke trat nicht mehr aggressiv und kämpferisch auf, sondern sie bekannte sich zu ihren Problemen – dort, wo einer des anderen Sozialarbeiter ist und eben deshalb niemandem mehr zu helfen, stets ein zuverlässiger Auslöser für ein dauerhaftes und ergiebiges Gespräch. Ihr Problem aber – wer bin ich bloß und wie werde ich dann dabei auch noch froh – teilte sie mit dem Rest der Bevölkerung. Anders als dieser jedoch verfügte sie über die bessere ideologische Vorbildung, und sie profitierte bei ihren lebensreformerischen Experimenten vom Nachzittern des frühen revolutionären Elans. Und als die Neulinke sich nicht nur vom Terrorismus, sondern von verbotenen Früchten jeder Art distanzierte, handele es sich um die verbotene Revolution oder die verbotene Liebe, da war die Kreativität (»Das verbale Ideal in den

Ländern der Schablonisierung« – Günther Anders) der Szene endlich konsumierbar geworden und wurde letztere vom Kursbuch als nationale Animiermaschine vermarktet. Seitdem ist jedes neue Kursbuch ein kulturelles Ereignis. Schon Lenin wußte, daß deutsche Revolutionäre keinen Bahnhof stürmen würden, ohne sich vorher Bahnsteigkarten zu besorgen. Daß sie es mit dem Gehorsam so weit treiben würden, sich keine verbotene Liebe zu leisten, es sei denn, Jörg Bopp versichere ihnen als Psychiater, dabei handele es sich um einen vom wissenschaftlichen Standpunkt aus betrachtet begrüßenswerten Beitrag zur sexuellen Emanzipation – das konnte er nicht ahnen.
»In den angelsächsischen Ländern sehen die Dirnen aus, als ob sie mit der Sünde zugleich die Höllenstrafe mitlieferten«, hat Adorno beobachtet. Das Kursbuch deckt den diesem Angebot zugrunde liegenden Bedarf.

II

In der Szene, die das Kursbuch vermarktet, fungiert es als Lokalanzeiger, oder, weil alles so familiär und man stets unter sich ist, als Hauspostille. Und mit dem sonst nur bei der Regenbogenpresse anzutreffenden journalistischen Geschick verwandelt es jeden noch so sperrigen oder grausigen Gegenstand in eine gemütliche Familienangelegenheit. Im März vergangenen Jahres – die Toten von Jonestown waren gerade ein knappes halbes Jahr unter der Erde – warf es zum Beispiel den Titel ›*Sekten*‹ (Nr. 55) auf den Markt. So ernst aber war das, wie beim Kursbuch immer, nicht gemeint, und der Insider oder der informierte Zaungast hatte schon die Vorankündigung gelesen, in der es schelmisch heißt: »Wenn wir über die K-Gruppen, Jugendsekten, Psycho-Logen, Körnerkränzchen fleißig die Köpfe schütteln, sind wir dann nicht auch wieder nur – eine Sekte? Sektiererisches aufzuspüren an der ›Normalität‹, an unserem Alltagsverhalten, in der Mehrheit oder der Familie, als Partner oder als Individuum – das wäre doch mal ein Kursbuch wert!« Ausrufezeichen. Der nicht mehr ganz frische Schmunzelwitz, das augenzwinkernde Einverständnis mit dem Leser geben einen guten Vorgeschmack auf weitere Köstlichkeiten des Humors, mit denen beispielsweise Karl Markus Michel seinen Beitrag würzt. »Aber was zum Teufel oder Jones«, lesen wir da an einer Stelle, und wenig später: »Weiß Gott oder Marx«. Vorbei sind die Zeiten apodiktischer Urteile, analytischer Schärfe, beißender Polemik. Aber seit unter den Linken der verträgliche Frohsinn und die neue Heiterkeit ausgebrochen sind, gibt es dort

nichts mehr zu lachen. Der mit humoristischen Einlagen aufgepeppte Text ist ungefähr so farblos wie ein bunter Abend.
Die penetrante Harmlosigkeit, die jeden Hellhörigen in Deutschland das Fürchten lehrt, stiftet die Einheit der Lesergemeinde, und sie bewirkt deren nationale Integration. Während die Berliner ›Schwarze Botin‹, welche zu den ganz wenigen Publikationen zählt, die noch an die Flugblätter der Gruppe ›Subversive Aktion‹, an die frühen Argument-Hefte oder die Aufsätze von Hans-Jürgen Krahl erinnern, gemieden wird, sorgen Vorabdrucke und Rezensionen bei jedem Kursbuch für neue Auflagenrekorde. Den – nicht mehr so ganz – jungen Leuten, die den bösen Blick verloren haben und nicht mehr anmaßend, provozierend und arrogant den Umsturz aller bisherigen Gesellschaft erzwingen wollen, sondern nur noch kleinlaut, bescheiden, treuherzig und blauäugig fragen: »Was ist aus der Utopie geworden, eine Lebensgemeinschaft aufzubauen, die nicht selbstsüchtig und an materiellen Werten orientiert ist, sondern auf Liebe basiert?« – diesen nicht mehr ganz jungen Leuten also, in denen die alte deutsche Liebe zur Volksgemeinschaft weiterlebt, kann in diesem Land niemand böse sein, galten doch Einfalt und Leutseligkeit hier seit je schon als besonders wertvolle und sympathische Züge des Nationalcharakters. Der empfindsame Kursbuchautor, der im neulinken Jargon von der Liebe schwärmt und sie gleichzeitig zur Basis einer Lebensgemeinschaft degradiert, provoziert neben der spöttischen Frage, warum er dann nicht schleunigst heirate, die Feststellung: Wenn schon vernünftige Produktionsverhältnisse nicht mehr zur Debatte stehen, welche die Voraussetzung oder die Basis dafür wären, daß die Menschen einander, wenn sie Lust dazu haben, auch lieben können – dann stehe man doch besser auf dem Boden der freiheitlich-demokratischen Grundordnung und trampele zur Not mit allen Vieren darauf herum, als daß man sich zur Liebe zwangsverpflichten lasse. Statt ökonomische und politische Verhältnisse niederreißen zu wollen, unter welchen den Menschen symbiotische Bindungen, aus deren Monströsität sich die Komik der Dick-und-Doof-Filme speist und die man euphemistisch Lebensgemeinschaft nennt, gar nicht erspart bleiben können, statt dessen also setzt man die Lebensgemeinschaft oder das muffig-mystische Zusammenklucken als utopischen Zweck, zu dessen Verfolgung alle Mittel recht sind: auch die Instrumentalisierung der Liebe zur Basis, zum Kitt, zum Klebstoff für das Kollektiv, für die Gruppe, welche den angeblich in dieser Welt vom Schicksal am schwersten Getroffenen, nämlich den Aspiranten auf eine mittelständische Existenz und Anwärtern auf einen Job im Sozialisationssektor, Heilung bringen soll von ihrer Kaputtheit, ihren

Beziehungsproblemen und ihrer Einsamkeit. »Aber eine Gemeinschaft bildet sich niemals als Ersatz für den Niederbruch seelischer Kräfte, sie besteht aus Menschen, deren Dasein entscheidend durch richtige Erkenntnis bestimmt ist.« (Kracauer)
Weil jede Wahrheit eine Übertreibung ist, kommt sie im Kursbuch nicht vor. Die Harmlosigkeit eines Textes bewirkt stets die Verharmlosung des Gegenstandes der Erörterung. Die Technik, die im Sekten-Kursbuch diese Wirkung erzielt, besteht im Ignorieren oder Nivellieren jeglicher qualitativer Differenzen. Die Konzeption erinnert an den Trost, der einem vor Liebeskummer Wahnsinnigen zuteil wird, wenn man ihm kräftig auf die Schulter klopft und sagt: »Aber natürlich. Beziehungsprobleme haben wir alle.« Das Extrem wird nicht als Außergewöhnliches, Anstößiges in seiner qualitativen Differenz zur Normalität respektiert und festgehalten, auf daß die Einsichten, zu denen seine sperrige, monumentale Absurdität zwingt, am Ende auch unseren konventionellen Begriff vom Normalfall erschüttern, sondern es wird unverzüglich eingemeindet. Jonestown wirft in seiner grausigen Einmaligkeit und tödlichen Konsequenz im Kursbuch kein grelles Licht auf die Verhältnisse, die es hervorgebracht haben, sondern es wird als beliebiger Auslöser für abgewetztes Gerede über Zweier-, Dreier- Undsoweiterbeziehungen in den langweiligmittelmäßigen Alltag bundesdeutscher verbeamteter oder alternativer Spontis integriert, wo, wie überall im Büro, nur noch Beziehungsprobleme eine Rolle spielen. Der Zusammenhang, den das Kursbuch zwischen den Sekten und seiner Gemeinde schmunzelnd herstellt, verliert seine Wahrheit und seine provokative Wirkung, weil man ihn unverzüglich zum invarianten Bestimmungsgrund menschlichen Daseins erklärt – der alte Trick aller affirmativen Theorie.
Der Aufsatz von Michael Lucas Moeller, der Tendenzartikel in Kursbuch 55, hält sich nicht lange bei der Volkstempelkirche auf, sondern er will versuchen, »dem Wesen der Sekten auf den Grund zu gehen«. Nach weitschweifigen Ausführungen kommt die gründliche Wesensschau zum Resultat, der Ursprung aller Sekten sei in dem Ding zu suchen, um welches sich angeblich schon immer alles drehte und welches momentan wieder für besonders wesenhaft und fundamental gilt: im Verhältnis der Geschlechter. »Wenig Zweifel« habe er, tastet der Autor sich zaghaft und ein wenig apokryph voran, »daß unsere basalen sexuellen Gefühle und Vorstellungen die Urform einer Beziehung erkennen lassen«. Dann wird er etwas deutlicher. Es gehe ihm darum, die »Grundstruktur der wirklichen sinnlichen Beziehung zwischen Mann und Frau in der höchsten sexuellen Erregung zu finden«. Und schließ-

lich läßt er die Katze aus dem Sack: »Das Gefühl, machtlos zu sein, sich auszuliefern, sich nicht wehren zu können, genießen Frauen besonders«. Die skandalöse Behauptung versteht Moeller nicht als traurigen empirischen Befund, welcher die Wahrheit verrät über ein gesellschaftliches Verhältnis, unter dem die Differenz – und keineswegs nur die der Geschlechter – kein anderes Verlangen hervorzurufen vermag als Vernichtungswillen, sondern diese skandalöse Behauptung versteht Moeller als Bestätigung seiner Annahme, »es gebe zu dem biologisch begründeten und soziologisch organisierten Trieb doch ein Grundmuster an Empfindungen und Vorstellungen, das durch unterschiedliche soziale Situationen und die Fülle möglicher Partnerschaften mehr oder weniger starr variiert werde«. Müßig zu fragen, seit wann der Biologie die göttliche Schöpfungskraft zugewachsen ist, Triebe zu begründen; müßig zu fragen auch, seit wann nicht mehr das gesellschaftliche Verhältnis, sondern die Soziologie die Triebe organisiert – eine Stilblütenlese wäre in dieser Arbeit unerschöpflich. Und wenn der Autor, der sich nach eigenen Angaben einer mit dem ekelhaften Wort ›Paargruppentherapie‹ bezeichneten Methode ›sehr zugewandt‹ hat, behauptet: »Jeder weiß, daß sich im Verliebtsein sie Welt grundlegend wandelt. Sie wird nicht nur siebter Himmel genannt; sie ist subjektiv tatsächlich so«, – dann muß die hämische Frage nach der tatsächlichen Beschaffenheit des siebten Himmels hinter der bangen Sorge zurücktreten, es könnten diesem Therapeuten, der Verliebtheit offenbar nur aus besonders dürftigen Schlagertexten kennt, Leute in die Hände fallen, die sich wirklich mögen.

So bringt die neudeutsche Klebrigkeit nicht nur die Menschen einander wieder näher, sondern sie stiftet darüber hinaus die einheimische Einheit des Zeitgeists. Man ahnte bis zum Erscheinen dieses Artikels nicht, welchen Grad interdisziplinärer Integration positivistische Wissenschaftstheorie und Spontiideologie, soziologisches Imponiervokabular und tiefsinnige Wesensschau, bräsige Gelehrsamkeit und bodenlose Dummheit – richtig verkittet – einmal erreichen würden, und in der Nummer 42, S. 81, verglich einer, der dort schreiben durfte, das Kursbuch mit einer ›linken Akademie‹.

III

Das Akademische im Kursbuch repräsentiert im Heft 60, dem letzten, das für diese Rezension vorgelegen hat, Rainer Döbert mit dem Artikel »Normen, Einsichten und Handeln«, und er beweist,

daß ein Starnberger Sozialwissenschaftler nicht nur sein Fach beherrscht, sondern außerdem jene profunde Allgemeinbildung besitzt, zu welcher Kluge-Filme gehören. So schreibt er: »Daher stehen die Individuen oft genug vor den abstrakten moralischen Prinzipien, die die soziokulturelle Evolution übrig gelassen hat, wie die Artisten in der Zirkuskuppel vor dem gähnenden Abgrund: ratlos.« Noch schwächer als ein durchschnittlicher sozialwissenschaftlicher Text ist nur fürs Kursbuch aufbereitete sozialwissenschaftliche Belletristik. Die Kamikaze-Truppe, die aufs Trapez klettert, um dort ratlos zu sein, existiert nirgends als in der Gedankenlosigkeit ihres Erfinders.
Den Tendenzartikel aber hat diesmal Jörg Bopp geschrieben, und er hat ihm eine programmatische Bemerkung vorausgeschickt: »Auf moralische Verurteilungen – wie auch immer verpackt – will ich verzichten. Entrüstung vernebelt nur die Szene, die ohnehin unübersichtlich genug erscheint. Wenn Empörung und Besserwisserei abdanken, kommt die Neugier zum Zuge.« Mit dieser Verzichtserklärung hat er nicht nur dem ganzen Magazin aus der Seele gesprochen und dessen Publikationspolitik oder Überlebensphilosophie – Aufregung schadet bloß der Gesundheit – werbewirksam formuliert, sondern er hat mit der Annonce auch genau den Jargon getroffen, in welchen neulinks und neudeutsch konvergieren. In der ersten Person Singular, kleinlaut und unverschämt zugleich, die leutselig, also anbiedernd und bedrohlich erklärt, sie wolle diesmal auf ihr eigentlich zur Verfügung stehende Mittel verzichten, erscheint das Schreckbild des kleinen Mannes in der Rolle des mächtigen Potentaten, der den Pöbel mit der alten Propagandalüge ködert, er sei nicht nur grausam, sondern auch gnädig, und er ließe diesmal Gnade vor Recht ergehen. Die auftrumpfende Sanftmut oder die proklamierte Absage an Konfrontation, Urteil, Polemik, Konflikt, Gewalt – statt Klassenkampf Volksgemeinschaft oder formierte Gesellschaft, statt Diskussion Begegnung oder Gespräch – hatte in Deutschland stets den schneidenden Unterton einer gefährlichen Bedrohung jener, die bei dem faulen Frieden nicht mitmachen wollen. Wie man sich auf Versammlungen grüner Gewaltgegner die Drohung einhandeln kann, man werde, wenn man weiter von Gewalt spreche, verprügelt, so paßt es zu Bopps erklärtem Verzicht auf moralische Urteile, daß er jene, die gegen den amerikanischen Völkermord in Vietnam auf die Straße gegangen waren, mit der kraftlosen und deshalb gehässigen Häme von Springer-Journalisten als ›Studentenbewegler‹ tituliert.
Gegen Empörung und Besserwisserei setzt Bopp die Neugier – als wäre Neugier ohne den Reiz, Empörendes, gar empörend Ver-

lockendes zu entdecken noch immer eine Begierde. Der neulinke Jargon zieht den triebhaften, asozialen, anarchischen Gelüsten den Stachel, indem er sie zu handlichen, adretten und marktgängigen Gesprächsthemen, zum Klebstoff fürs Kollektiv verstümmelt – als ließe sich über Neugier, Lust, Sinnlichkeit dort, wo sie wirklich vorkommen, so gemütlich, seicht und weitschweifig miteinander reden. Das vom Trieb abgeschnittene Ungestüm, sein unbedingtes und nicht den Aufschub endlosen seichten Geredes duldendes Verlangen, entqualifiziert sich dabei zu einer bösen Energie, die nur noch den blinden Willen speist, zu reüssieren. Das barbarische Wort von der Neugier, die nach Abdankung ihrer Konkurrenten ›zum Zuge‹ kommen müsse, verrät die Eiseskälte, Abgebrühtheit und Verhärtung, die erforderlich sind, um unter den bestehenden Verhältnissen wie Oswald Kolle (»Die Rolle der Zärtlichkeit stand bei meiner Arbeit immer im Mittelpunkt.« *Stern* 25/80) vornehmlich Lust, Sinnlichkeiten, Entspannung und Zärtlichkeit zu propagieren.

Der neulinke Jargon dementiert, wenn man ihn wörtlich nimmt, stets die bezweckte Botschaft. Ein anderer Kursbuchautor bekennt: »Auch ich persönlich versuche, in diese neue Lebensform der Lust und des persönlichen Glücks hineinzuwachsen.« – Wie wenn das, worein hineinzuwachsen man sich anstrengen muß, dann am Ende noch Lust oder Glück wäre und nicht der sauer verdiente Lohn für harte Arbeit. Wenn Bopp den Jugendlichen, deren Moral er in seinem Tendenzartikel vorgeblich untersucht und tatsächlich vermarktet, eines seiner peinlichen Komplimente machen möchte, dann schreibt er: »Ein beträchtlicher Teil der Jugendlichen gewinnt zur eigenen Sexualität ein entspanntes und lustvolles Verhältnis.«. – Wie wenn es der Kombination mit der Feierabend- und Freizeitvokabel ›Entspannung‹ noch bedürfte, um die zum Wortkrüppel ›lustvoll‹ (randvoll, Handvoll) denaturierte und durch die Verbindung mit dem Allerweltswort ›Verhältnis‹ kompromittierte Lust endgültig zu liquidieren. Wie in der Reklame für Waschmittel und Körperhygieneartikel, wo sich die Schmusewolle, die feuchte Frische, die zauberhafte Zartheit am Ende als ein Stück Seife oder eine Rolle Klosettpapier entpuppen, so sind die Handelsmarken der neudeutschen Klebrigkeit – Sensibilität, Lust, Sinnlichkeit, Zärtlichkeit etc. – nur modifizierte Reklamesprüche für das immergleiche Produkt: für den Kitt, für das Schmalz, für die Schnulzen, welche die Zerrissenheit einer Gesellschaft verewigen, indem sie die Risse kleben.

Im mißlungenen, weil nicht pornographisch gemeinten Satz: »Die Glieder verlieren sich Rhythmus«, mit welchem Bopp seinem Verständnis, seiner Bewunderung für die Disco-Jugend Ausdruck verleihen möchte, verraten sich die Anstrengung und Verspannung, die hinter Bopps Überanpassungsleistung an die schöne neue Welt stecken, und sie bestimmen den ganzen Text. Sein verkrampfter Eifer, alles wenn nicht schön, so doch wenigstens verständlich zu finden, ist gewissermaßen nicht mehr zu bremsen. So schreibt er, einfühlsam und schlichtend im angeblichen Generationenkonflikt vermittelnd: »Die Jugendlichen können sich nicht mehr vorstellen, daß die wohlhabende westdeutsche Gesellschaft unter großer Mühe aus Trümmern, Hunger und Armut aufgebaut wurde«. Wie man aus nichts einen Kuchen backt – das kann sich allerdings niemand vorstellen, selbst wer von Marshallplangeldern und von Koreakrieg nichts weiß. Daß das Wirtschaftswunder auch deshalb möglich wurde, weil die vom Faschismus zerschlagene deutsche Arbeiterklasse unter Adenauer ihren Kollegen im Ausland das Streiken überließ, hat Bopp, der doch wohl auch aus der Protestbewegung kommt, vergessen. Die einmal in Reklame verwandelte Theorie ist am Ende wie alle Reklame ganz gleichgültig gegen das jeweilige Produkt. So unterstützt die neudeutsche Klebrigkeit, welche ausgezogen war, ihren eigenen Rummel zu verkaufen, schließlich die reaktionäre Propagandalüge vom durch Entbehrung, Sparsamkeit und Arbeitsfleiß bewirkten Wirtschaftswunder.

Das sich abzeichnende Umschlagen neudeutscher Klebrigkeit in reaktionäre Ideologie hat aber vielleicht auch eine gute Seite. Vor lauter Beflissenheit schießen die Propagandisten über das Ziel hinaus: So zäh ist diese Klebrigkeit unter den ständigen Bemühungen, sie zu vervollkommnen, vielleicht geworden, daß niemand sie mehr verträgt. Wer sich beim Verzehr seines selbstgebackenen Brotes an Bopps Formulierung »auf schonsame Weise zubereitet« erinnert, dem bleibt vielleicht der Bissen im Hals stecken. Vor der Zudringlichkeit, mit welcher die Neulinke die Jugend in ihr alterndes Herz schließt, läuft sie, wenn ihr ihr Leben lieb ist, mit Sicherheit davon. Und wenn jene Jugendlichen, die es in der Gesellschaft, in der sie überflüssig geworden waren, nicht mehr ausgehalten haben, sich im Kursbuch nachsagen lassen müssen: »Viele ziehen aus den Städten in die Ruhe und Frische des Landes« – wie wenn die ganze schmerzhafte Prozedur nur ein Spaziergang oder eine Sommerfrische wäre –, dann kommen sie vielleicht zurück, um sich zu wehren.

Eine Zukunft für die Vergangenheit

I

Der Wiederaufbau ist erfolgreich abgeschlossen. Die Bundesrepublik hat ihr Wirtschaftswunder und ihr Fräuleinwunder, die Reisewelle und die Freßwelle gehabt, und nun hat sie auch eine Seele. Man hat nämlich bei der Jugend ein Herz entdeckt, und zwar ein deutsches, denn es ist tief zerrissen von den widerstreitenden Gefühlen Angst und Sehnsucht. Der wunde Ticker wurde zum Taktgeber für eine furiose Verbrüderung. Man braucht der Menge nur eine Gelegenheit zu geben, einen Kirchentag zum Beispiel, und schon liegen sich, kopflos vor Angst und von Sehnsucht verzehrt, Alt-Linke und Alt-Rechte, Grüne und Braune, Junge und Alte schier schluchzend in den Armen. Die Jugend, so stand es in der *taz,* sucht Lebensraum, und im Vertrauen darauf, daß sie ihn später woanders erobern wird, verzeiht man ihr vorläufig sogar besetzte Häuser. Man ließ die Instandbesetzer ins Fernsehprogramm, denn durch die barrikadenkämpferische Fassade dieser aufbauwütigen, zum Arbeitsdienst tendierenden Rebellion hindurch erkannte man eine gerade zur Heroine des deutschen Feminismus aufgestiegene Gestalt. Den Häuserkampf sah man als Winterhilfswerk mit anderen Mitteln, und in seinen Protagonisten witterte man, mit feiner Nase für den Stallgeruch, die Trümmerfrau. Auch dort, wo die Jugend dem Staat entgegentritt, um wie in Gorleben mit Klampfe, Erbswurst, Ringeltanz und anderem deutschen Brauchtum den Thingplatz ihrer neugermanischen Wendenrepublik zu verteidigen, leistet sie Widerstand nur im übergeordneten nationalen Interesse. Die alten Neulinken haben unterdessen ihre patriotischen Gefühle entdeckt und diskutieren über die Wiedervereinigung. Volkslied und Mundart haben Konjunktur, man spricht viel von der Heimat, in der Frauenbewegung breitet sich Gebärfreude aus. Das Land hat also wieder eine Zukunft – eine Zukunft für seine Vergangenheit.

Der Dialog mit der Jugend, die nationale Verbrüderung, war eine geschmacklose Inszenierung. Die 20jährigen, die die Leichenstarre längst hinter sich haben, weil in dieser überalterten Gesellschaft die Kinder schon als Greise geboren werden, schminkten viel zu dick Gefühle auf. Wie schlechte Schauspieler, die ihren Text nicht verstanden haben, taten sie des Guten zuviel. Sie heulten sich öffentlich an der Brust der Etablierten aus, statt, wie dies eine Jugend täte, ihre Gefühle und ihre Verletzlichkeit hinter trotzigem Aufbegehren zu verstecken. Im Interesse der Etablierten lag es, den Mummenschanz nicht zu durchschauen. Für sie war in dieser Farce nämlich eine dankbare Rolle reserviert, und deshalb spielten sie begeistert mit. In jeder Familienserie gehört zum 20jährigen, der einem Erwachsenen seine Nöte offenbaren möchte, der verständige Onkel, der Mann mit dem Herz auf dem rechten Fleck. Für seinen Auftritt waren Angst und Sehnsucht ein prächtiges Stichwort: Ungläubig horcht man auf, man ist betroffen, man ringt um Verständnis, die Stirn legt sich in telegene Kummerfalten. Doch hinter der gramvollen Mine gab es vermutlich ein fröhliches Wiedererkennen.

Denn seit es die bürgerliche Gesellschaft gibt, hat der Bürger Angst. Er hat Angst um sein Geld, er hat Angst vor den Dieben, er hat Angst vor der Revolution, vor der Inflation, er hat Angst vor den Russen, er fürchtet die Gelben, und schließlich hat er Angst vor Streß, Gift, Krankheit, Krebs und Tod. Paranoide Angst, die den Angreifer fürs eigene Bewußtsein in den Bedrohten verwandelt, trieb, von der Eroberung Südamerikas bis zum Nachrüstungsbeschluß, den Bürger unaufhaltbar voran. Die Angriffslust kann man, wie jede Lust, verlieren; nicht aber den Selbsterhaltungstrieb. Und dessen zähe Ausdauer und Energie erschloß die paranoide Angst dem kontinuierlichen bürgerlichen Kampf gegen die Konkurrenz um Märkte, Rohstoffe, Territorien, Kolonien. Nicht streitsüchtige Herausforderung, sondern der kalkulierte Präventivschlag ist das Muster bürgerlicher Aggression. Wo der Bürger zuschlägt, sieht er sich in die Enge getrieben. Das pausenlose Akkumulieren, Expandieren, Annektieren, waren die real beispiellos erfolgreichen Zwangshandlungen eines Paranoikers im fiktiven Kampf um nichts weiter als das nackte Leben. Die Lust, in Afrika Schwarze zu jagen, hätte einmal erlahmen können; nicht so der Pflichteifer, im Kongo das Vaterland zu verteidigen und die abendländische Welt zu retten. Mit der Umbenennung der Kriegsministerien in Verteidigungsministerien hat man den Zusammenhang von paranoider Angst und aggressiver Gewalt übrigens stillschweigend zugegeben.

Seit es die bürgerliche Gesellschaft gibt, hat der Bürger also Angst, und seit der Bürger ein Bürger ist, hat er deshalb Sehnsucht nach einem anderen Leben. Er will – mit dem Ersparten – wieder aufs Land; er will – mit Auto und Wohnwagen – zurück zur Natur; er hat – in der Stadt – die Romantik erfunden; es drängt ihn – bewaffnet mit Gewehren aus heimischer Fabrikation –, aufzubrechen nach fernen Gestaden. Und in Deutschland, wo die Zigeuner in Gaskammern umgebracht wurden, hängt heute noch über der Sitzecke vis-à-vis vom Fernsehschirm häufig eine in Öl gemalte, großzügig dekolletierte und bei Woolworth erstandene Zigeunerin. Der Bürger kauft Chinoiserien und Orientteppiche, er geht in den Zirkus und in den zoologischen Garten, er pflegt seine Palme, seinen Kanarienvogel und seinen Gummibaum, er klebt eine Fototapete, Motiv ›Palmenstrand auf Hawaii‹ oder ›Sonnenuntergang in den Alpen‹, an die Wand, er legt noch mal die Donkosaken, Louis Armstrong, rumänische Zigeunerweisen oder El Condor Pasa auf und lauscht auf der Couch den Botschaften von einem anderen Leben. Normalerweise steht er deshalb nicht auf. Erst müssen noch, wie stets in Krisenzeiten, die Vorteile und Privilegien, die der Bürger genießt, für ganze Gruppen in der Bevölkerung zerbrechen. Dann aber wird er von seiner Sehnsucht übermannt. Dann zieht er los und fragt nicht lange, ob er dort, wo er hin will – in die Natur, aufs Land, zu anderen Völkern – auf große Gegenliebe stößt.

Je aussichtsloser die Sehnsucht geworden ist, sich mit dem Herrschaftsverhältnis zu arrangieren und trotzdem das eigene Leben zu ändern, desto blindwütiger schlägt diese Sehnsucht zu, und desto kräftiger haut sie daneben. Der Eskapismus britischer Quäker, ihr Verzicht auf Rebellion, auf bewaffneten Aufstand gegen die Krone, ihr frommer Wunsch, in jungfräulicher Natur zu siedeln und dort gottgefällig zu leben, brachte zwar über die Indianer Nordamerikas Verderben und Tod. Die friedliebenden Siedler selber aber waren fruchtbar und mehrten sich und gründeten den mächtigsten und reichsten Staat der Erde. Der unermüdliche Vernichtungskrieg gegen die einheimische Bevölkerung bezog seine Energie aus der erwähnten spezifisch bürgerlichen Paranoia. Man konnte des Metzelns und Eroberns nicht müde werden, denn man metzelte und eroberte nicht, sondern man war mit denkbar friedlichen Absichten gekommen, und man verteidigte nur gegen die blutrünstigen Roten Frau und Kind, Heim und Herd. Bei einer Kopie des Siedlungsexperiments vierhundert Jahre später aber wurde dieselbe bewährte Paranoia für alle Beteiligten zum Verhängnis: Die Anhänger der Volkstempelkirche, die nach Guayana aufgebrochen waren wie einst die Quäker nach Neu-England, brachten keine Einheimischen mehr um, sondern sie nahmen sich, von fiktiven Feinden umstellt, alle selbst das Leben. Doch schon die großen Alternativprojekte des 19. Jahrhunderts sind in gewissem Sinn erfolglos geblieben. Zwar brachte man ungezählte Farbige um und plünderte ganze Erdteile aus, aber am Ende fielen die Kolonialmächte übereinander her, und 50 Jahre später flohen die letzten weißen Siedler Hals über Kopf aus

dem Kongo. Im 20. Jahrhundert bewirkte die Suche nach Lebensraum nur dessen verdiente Reduktion und überdies noch den Verlust des Lebens.
Die Motive der aufbauwütigen Massenmörder, die anfangs in kleinen Gruppen und später als Armee gen Osten zogen, um in der ersehnten Scholle zu wurzeln, besitzen erstaunliche Aktualität. Der Auschwitzkommandant Rudolf Höß erinnert sich an seine Zeit bei den Artamanen: »Es war dies eine Gemeinschaft junger, volksbewußter Menschen, Jungen und Mädel, aus der Jugendbewegung aller national denkenden Parteien hervorgegangen, die einmal aus dem ungesunden, zersetzenden und oberflächlichen Leben der Städte, besonders der Großstädte, heraus zu einer gesunden, harten, aber naturgemäßen Lebensweise auf dem Lande zurückfinden wollten. Sie verschmähten Alkohol und Nikotin, ja alles, was einer gesunden Entwicklung des Geistes und des Körpers nicht dienlich ist.«
Man wolle danach streben, sich »gesund und autark zu ernähren«, heißt es in einem Rundbrief, der in der Alternativszene zirkuliert und »Mitstreiter« für ein auf der griechischen Insel Palagi geplantes Siedlungsprojekt wirbt. Die lebensreformerischen Invasoren mit der guten Absicht, ein »anderes Mit- und Füreinander« aufzubauen, benötigen für diesen Versuch freilich weder Glasperlen noch Kanonenboot, denn sie zahlen in deutscher Währung. Die friedliche Lösung der Widersprüche, an denen die bürgerliche Gesellschaft krankte, war stets eine Lösung auf Kosten derer, die zu schwach waren, um sich wirksam zu wehren. Die friedliebende Reformpolitik vermied Revolution, bewaffneten Aufstand, Bürgerkrieg, und statt dessen die Farbigen aller Kontinente auszuplündern und zu erschlagen, war schließlich kein Krieg, denn die Farbigen hatten damals noch keine Gewehre.
Der Wille ist da, aber es fehlen die Wege. Die Schlupfwinkel, in die der Bürger sich zurückziehen konnte, um sie auszuräuchern, wenn er daheim allzu tüchtig und erfolgreich gewesen war, sind längst verbraucht. Die Urlauber aus den reichen Ländern, die einst auf griechischen Inseln die Felder armer, gutmütiger Bauern zertrampelten, treten nun dort einander auf die Füße. Die alternativen Kolonisatoren holen sich, wenn sie zu dreist sind, nur eine blutige Nase, und bestimmt kreuzt deswegen nicht die deutsche Kriegsmarine auf. Weil die Bundesrepublik sich keine Kanonenbootpolitik leisten kann, ist der alternative Kolonialismus zwar bezeichnend und von großem analytischen Interesse, praktisch aber ist er ein bedeutungsloser Seitentrieb. Das Abendland ist allgegenwärtig, die Indianer sind tot, die weißen Flecken auf der Landkarte sind verschwunden, die Welt ist in 140 Staaten aufgeteilt. In der

Gegenwart ist wenig zu holen, der alternative Lebenshunger plündert deshalb die Geschichte aus.
Ein »Herbert vom Trikont« erzählt im Gespräch mit der *taz* über das Verlagskollektiv: »Wir haben das ernst genommen, was in einem Teil unserer Literatur schon länger zum Tragen kommt, das, was Zigeuner, Schamanen, Indianer sagen, was auch innerhalb der Linken diskutiert wurde, z. B. in der ›Traumzeit‹ von Dürr«. Die alternative Begeisterung für Schamanen, Indianer, Zigeuner und Südseeinsulaner bezeichnet ein sehr konventionelles Verhältnis zur Vergangenheit. Nachdem man die Leute umgebracht hatte, hat man sie nachträglich immer ganz nett gefunden. Nachdem die wirklichen Indianer erschossen waren, hieß man das Indianerkostüm auf Faschingsbällen willkommen, und die Juden feierten in Deutschland mit ›Anatevka‹ ein großes Comeback. Nachdem die Europäer die indische Gesellschaft zerstört und das Land in eine von Skeletten bevölkerte Hungerregion verwandelt hatten, suchten sie, seit Rudyard Kippling und Hermann Hesse, bei fernöstlichen Heilslehren Trost. Das Opfer muß seinen Henker trösten – nach diesem Gesetz funktionieren Amüsierbetrieb und Showbusiness generell, und besonders die ohne das Leid der versklavten Schwarzen undenkbare Popmusik. Die Alternativen, die gemeinsam mit der neuen Kulturanthropologie von den Mythen schwärmen, liefern nur eine dürftige Reprise der alten Geschichte vom Bürger, der nicht nur ein Millionär sein, sondern obendrein auch noch geliebt werden will. Das Gefühl, auf welches er als Preis für seinen Geschäftserfolg gerne verzichtet hat, will er nun gratis von anderen haben. In der Larmoyanz des Millionärs, der nicht um seines Geldes, sondern um seiner selbst willen geheiratet werden möchte, schlägt die niedrige Abkunft des Bürgers durch, der weder den Preis zahlen möchte noch auf den erhaltenen Gegenwert verzichten. Der historische Aufsteiger ist ein Bettler und Betrüger geblieben.
Mit Präzisionsgewehren, Registrierkassen und einem Kopf, der auch angesichts furchtbarer Greuel nicht den kühlen Verstand verliert, plünderten die Europäer alle Völker, die in den Tag hineinlebten. Sie überließen es den Wilden, an Götter und Amulette zu glauben, ihre Waffe war nicht der Zauberspruch, sondern das Artilleriegeschoß. Danach hat man dann über die Gefühlskälte geklagt, gegen den Verstand geeifert und den Irrationalismus, die Mythen und die Gefühle rehabilitiert. Man wollte, anders gesagt, die Früchte seiner Schandtaten unbeschwert von lästigen Gedanken an ihre Herkunft genießen. Die Gefühligen stört nicht das herrschende Unrecht, sondern sie stört der Verstand, der sich an diesem Unrecht stoßen könnte. Sie wollen

gleichzeitig die materiellen Vorteile des Täters und die Unschuld des Opfers haben. Nachdem sie, gerissen wie sie waren, den Wilden alles gestohlen haben, wollen sie zuletzt auch noch deren Naivität. Und damit beginnt für die Täter der Untergang und für die toten Wilden die Zeit der Rache. Der Christenglaube, das Opfer müsse den Täter erlösen, erweist sich am Ende als eine List der Geschichte im Dienst alttestamentarischer Gerechtigkeit.
Die eigenen Ideen, die von Helvetius, Bakunin, Karl Marx, haben der Bürger und sein Sicherheitsapparat stets erfolgreich unterdrückt, denn diese Ideen, in denen die Erinnerung an begangenes Unrecht lebendig ist, konnten das Erreichte gefährden. Stets hat der Bürger seine Ideen – Freiheit, Gleichheit, Bürderlichkeit – an das Kalkül auf den unmittelbaren Nutzen verraten. So hat er sich mit der Zeit das Denken abgewöhnt und das Wünschen verlernt. Nur deshalb fällt er lebenshungrig über die fremden Kulturen und erloschenen Vorstellungswelten her, die er freilich nie zu fassen kriegt, sondern statt ihrer eine durch die bloße Existenz toter Gegenstände – durchs Beutegut – katalysierte Verbindung von wenig Wahrheit, reichlich falscher Überlieferung und viel wahnhafter Rückprojektion. Und wenn dann in Krisenzeiten, bedingt durch den materiellen Mangel, die spirituellen Bedürfnisse wachsen; wenn sich der Ölmangel zur Sinnverknappung läutert und man das Abkühlen der Konjunktur als Hereinbrechen emotionaler Kälte erlebt – dann quellen, getränkt von den regressiven Sehnsüchten des Bürgers, die Schrumpfköpfe, die Mumien und das ausgestopfte Getier in den Völkerkundemuseen wieder auf, dann beginnen die Trophäen, die der Bürger erbeutet hat, plötzlich zu leben. Aber die Vergangenheit kommt nicht einfach zurück, die Toten können nicht wieder auferstehen, und wenn sie es trotzdem tun, dann nur als böse Gespenster. Der Spuk kann beginnen, denn die Vorvergangenheit hat in Deutschland eine Vergangenheit, und die Alternativen stehen in dieser Tradition. Der »Herbert vom Trikont«, durch die Firma offenbar nobilitiert, im Gespräch mit der *taz*: »Man sollte reden von Leben, Geburt, Kampf und auch wieder von Jugend und Alter . . . Das muß man dem Alter wiedergeben: das hat das Recht darauf, uns Ratschläge zu geben, und wenn man auch dazu sich bereiterklärt, tun das die alten Leute auch. Das nenne ich dann auch Mythos. Interessanterweise sind ja bei den alten Leuten viel mehr solche Bewußtseinselemente auch noch vorhanden, weil die damals noch nicht durch das Fernsehen und die Technokratie so ausgehöhlt gewesen sind. Die können z. B. noch Volkslieder singen, und in den Volksliedern drückt sich sehr viel aus, worauf wir unser Leben aufbauen können, hier und jetzt.« (19. 3. 81) Und wenn dann Herbert und

sein Opa gemeinsam die »Wacht am Rhein« anstimmen; wenn Opa am Lagerfeuer bei Klampfengeklimper vom Großdeutschen Reich, von der Arbeitsfront und von seinen Erlebnissen bei der Wehrmacht plaudert; und wenn dann Herbert glänzende Augen bekommt – dann hat das Land wieder eine Zukunft, eine Zukunft für seine Vergangenheit.

II

Ein Kernkraftgegner treckt nach Brokdorf, und während die Demonstranten zum Schutz vor der anrückenden Polizei Ketten bilden, klärt ihn der untergehakte Nachbar über die wahren Zusammenhänge auf: Vor allem müßten die Ausländer verschwinden, denn wenn es in der Bundesrepublik nicht so viele Gastarbeiter gäbe, käme das Land bequem ohne Kernkraftwerke aus. Ist es ein Zufall, wenn am Rand der Bewegung die Angst vor Verstrahlung und die Aversion gegen Überfremdung fusionieren, wenn der Wille zur Reinerhaltung der Natur mit dem Willen zur Reinerhaltung des deutschen Volkes sich paart? Oder ist der Kampf gegen die Kernspaltung nur der äußere Rahmen für eine unkontrollierte Bewußtseinsverschmelzung? Und welches Motiv trieb jene 50 000, in solcher Zahl hier nie gegen Polizeiübergriffe, Justizwillkür, Neofaschismus und Folterregime protestierenden Leute bei der letzten großen Brokdorf-Demonstration dazu an, im Gewaltmarsch durch unwegsames Gelände gegen eisigen Nordost zu kämpfen? War es die neue Einsicht, daß unter den bestehenden Herrschaftsverhältnissen jeder technologische Fortschritt einer hin zum Abgrund ist, oder lebt im Protest gegen Chemie und Atom die alte paranoide Angst des faschistoiden Zwangscharakters vor Verunreinigung und Verseuchung durch Gift, Schmutz, Keime, Mikroben, Insekten wieder auf? Zehren die deutschen Kernkraftgegner, die erfolgreichsten auf der Welt, vielleicht von der Wirkung einer verborgenen Kraft: von der nie überwundenen wahnhaften Furcht vor der jüdischen Weltverschwörung, von der eingefleischten Angst vor allem Fremden? Und war in Brokdorf, Gorleben und Umgebung eine Technologie der Gegner, welche die bestehende Verteilung von Macht und Reichtum auf der Welt verewigt und dabei gleichzeitig die Menschheit gefährdet, oder ging es vornehmlich um Vaterland und Mutterboden, um die Verteidigung eines Fleckens deutscher Heimaterde gegen das sie bedrohende Atom?[1] Warum ist niemand auf die Idee gekommen, zu fordern: entweder kein einziges Kernkraftwerk auf der ganzen Welt oder alle Kernkraftwerke zusammen nach Niedersachsen –

für häßliche und gefährliche Anlagen, wenn sie denn wirklich unvermeidbar sein sollten, genau der richtige Ort.
Die Fragen, die in Deutschland jeden Anhänger der Antikernkraftbewegung quälen müßten, werden hier sogar von ihren Gegnern nicht gestellt. Die Abneigung der Nazis gegen Kernphysik – die Relativitätstheorie war schließlich eine jüdische Wissenschaft –, ihre nachlässige Abwicklung des Atombombenentwicklungsprogramms können die Vernunftgründe gegen Kernkraftwerke nicht diskreditieren. Warum aber fällt in einem Land, wo das Ziehen historischer Parallelen ein beliebter Denksport ist, gerade dieses historische Faktum niemand auf? Und wenn es auch keinen einzigen Einwand gegen Atomkraftwerke zu entkräften vermag, so könnte es vielleicht doch bei der Erklärung des politischen Erfolgs dieser Einwände oder bei der Klärung der Frage nützen: Warum bringen in Deutschland nur Kernkraftwerke so viele Leute auf die Straße, wie in Italien oder Frankreich gegen neofaschistische Bombenanschläge protestieren? Welche mysteriöse Kraft treibt Leute, die sich von der Nürnberger Massenverhaftung oder vom Bombenattentat aufs Münchner Oktoberfest keineswegs zu »unüberlegten Handlungen«, schon gar nicht zu dem in anderen Ländern bei solchen Anlässen üblichen Generalstreik hinreißen lassen, dann, wenn es in Brokdorf und Gorleben um die vage Aussicht auf radioaktiv bestrahlte Enkel geht, in eine riskante und strapaziöse Konfrontation mit dem Staat?
Beunruhigender, als es solche Fragen wären, ist die Tatsache, daß man sie nicht stellt. Vielleicht ist die historische Möglichkeit, daß die Menschen mit Vernunft ihre Geschichte selber machen, unwiderruflich vorbei. Vielleicht hat nur noch der Irrsinn die Kraft, sich ohne erkennbare Aussicht auf Erfolg und somit wider alle konventionelle Vernunft gegen die erdrückende Übermacht der Tatsachen zu stemmen. Vielleicht – und vieles spricht dafür – bleiben alle Vernunftgründe gegen die Fortsetzung der atomaren Aufrüstung und gegen den Kernkraftwerksbau wirkungslos, wenn sich die Energie, solche Vernunftgründe politisch durchzusetzen, nicht aus trüben, dem Wahnsinn zumindest benachbarten Quellen speist. Und an diesem finsteren Zusammenhang haben nicht die Kernkraftgegner, sondern Verhältnisse Schuld, unter denen es für den einzelnen am zweckmäßigsten ist, den voraussehbaren Weltuntergang einfach abzuwarten. Vielleicht sogar hat mittlerweile die Weltgeschichte den deutschen Volkscharakter eingeholt. Dann wäre in Gestalt von Wasserstoffbomben und schnellen Brütern nun wirklich die lebensbedrohende Weltverschwörung entstanden, auf die man hier wie auf einen Messias gewartet hat. Selbst wenn es so wäre, müßte man dies freilich wissen, wenn jene

Energie, die einstweilen noch den vernünftigen Protest gegen Industriemüll, Kernkraftwerke und Atomraketen treibt, nicht Gefahr laufen soll, sich bei nächster Gelegenheit gegen Ausländer, Intellektuelle und andere Außenseiter der Volksgemeinschaft zu wenden. Für diese Möglichkeit, daß der Protest gegen den Fortschritt als fortschreitende Destruktion umschlägt in Parteinahme für die Barbarei, häufen sich die Indizien. Man könnte sie als häßliche, aber nebensächliche Begleiterscheinungen betrachten, wäre da nicht wieder der mißtrauenerweckende Umstand, daß man zumindest offiziell solche Indizien nicht zur Kenntnis nimmt. Wo die Alternativen und die Grünen *dagegen* sind, haben sie immer recht. Wo sie aber *dafür* sind und mit dem ideologischen und realen Wiederaufbau beginnen, dort schlagen, ohne daß man angeben könnte, woher sie auf einmal gekommen sind – die Leute, die über die Alternativbewegung schreiben wie Rudolf Höß über die Artamanen, haben die Memoiren des Auschwitzkommandanten bestimmt nicht gelesen –, dort also schlagen Elemente eines Wunschbildes, die wie Versatzstücke aus einer NS-Propagandabroschüre wirken, unmittelbar durch. Gegen Kritik abgeschirmt durch den über jeden Zweifel erhabenen Antiatomprotest, grünt beispielsweise die alte deutsche Feindschaft gegen alles Gekünstelte, Unechte, Raffinierte, Artifizielle, kurzum: gegen jede gelungene Zivilisation. Obwohl kaum jemand Ferdinand Tönnies oder Philip Lersch gelesen haben dürfte, blühen die organizistischen Vorstellungen wieder auf, welche die Verwandlung der Nationalstaaten in rivalisierende Völker, Stämme und schließlich Rassen begleitet hatten. Die Wohn*gemeinschaft* ist nirgends auch nur annähernd so verbreitet wie in Deutschland, und niemand ist über diesen Sachverhalt gestolpert oder hat nach den Gründen gefragt.[2] Und solcher Mangel an Mißtrauen und Skepsis in einem Land, welches eingedenk seiner Geschichte wie kein anderes Gründe zum Selbstzweifel hätte, gibt zu denken.

Dies um so mehr, wenn man die Reaktion der Öffentlichkeit, der Politiker, der Kirche und der Medien in Rechnung stellt. Wer sich, im Unterschied zum Rest der Bevölkerung, weigert, den Weltuntergang einfach abzuwarten, ist deshalb zwar nicht zu allumfassender Makellosigkeit verpflichtet, aber er ist auch nicht tabu. Er hat, im Gegenteil, ein Recht darauf, daß andere ihn kritisieren – und wäre es auch nur zum Zwecke der Klärung und Selbstverständigung. Dies Recht aber auf einen Widerstand, an dem sich die eigenen Konturen schärfen können, wird den Grünen und Alternativen in der Bundesrepublik auf mysteriöse Weise vorenthalten. Sie werden einerseits von den Technokraten und Machern als die gefühlsduseligen Spinner, Schwärmer, Träumer, die sie gern wären, aber leider nicht sind, verkannt, und deshalb abgelehnt. Die anderen aber, die, wie Eppler, Bahro, Glotz oder Jungk eine gewisse Wahlverwandtschaft spüren, machen nur sehr globale Vorbehalte geltend und biedern sich im übrigen mehr oder weniger an. Sie argumentieren aus der Rolle des Politikers, der sich gern an die Spitze einer Massenbewegung setzen möchte und es deshalb vermeidet, die Massen durch übermäßige Wahrheitsliebe und unbestechliche Kritik zu verprellen. Man gewinnt freilich nicht den Eindruck, als würde die Rolle, aus welcher Prominente wie Eppler und Glotz argumentieren, sie zu sonderlich schmerzhaften Konzessionen an ihre persönliche Überzeugung zwingen. Es scheint vielmehr, als würde es das sympathisierende Establishment in Politik, Kirche und den Medien beträchtliche Selbstbeherrschung kosten, die Alternativen und Grünen nicht einfach zu umarmen.

Anlaß dazu, eine stille Sehnsucht zu vermuten, gibt die Form, in welche das sympathisierende Establishment sein Zaudern kleidet: Der Dialog mit der Jugend müsse beginnen, man müsse die Sprache der Jugend erst sprechen und verstehen lernen, man sei einander zugetan, aber bis die Herzen alle Verständnisschwierigkeiten überwänden und einander fänden, sei es noch ein weiter Weg. In solcher Koketterie zeigt sich der spröde Charme von Leuten, deren Liaison längst beschlossene Sache ist. Nur fiktive Barrieren, die rituellen Hochzeitsvorbereitungen ähneln, können noch die Wahrung einer Anstandsfrist garantieren.

Die Jugend zum Beispiel – Zitat aus der *Stadtzeitung für Freiburg,* Ausgabe Juli '81 – fordert: »Zurück zu mehr Naturnähe, zurück zu anspruchsloserer Lebensweise, zu überblickbaren Lebenskreisen, zu durchschaubaren und integralen Produktionsweisen, zurück auch zu den eigenen Gefühlen, zu mehr Direktheit und mehr Spontaneität«. Und diese Sprache will in einem Land, wo sich die regressiven Ordnungsvorstellungen der Alldeutschen, der Völkischen und der Nazis bis heute in den Schullesebüchern gehalten haben, plötzlich kein Mensch mehr verstehen? War denn die Re-Education nach der Befreiung mit einer kompletten Gehirnwäsche verbunden, daß sich niemand mehr an die Desiderate der Nazipropaganda erinnert, die nichts erfinden brauchte, sondern nur aufzugreifen, was da war: die traditionellen deutschen Ressentiments gegen die welsche Kunst der Verstellung, gegen den welschen kalten Intellekt, gegen Witz und Eleganz, gegen geschminkte Frauen, gegen individuelle Freiheit von sozialer Kontrolle durch Familienbande, Dorfgemeinschaft, Blockwart und Volksgenossen, gegen städtische Umgangsformen und ganz allgemein gegen Urbanität. So wohlvertraut klingen die Forderungen, die von der Alternativbewegung erhoben werden in Deutschland, so altbekannt die Sprache, die einzelnen Formulierungen und die Diktion, daß man sich angesichts der rituellen Bemühungen um Verständnis für die Jugend fragen muß: Können die Älteren wirklich nicht verstehen, oder wollen sie nicht begreifen? Steht jene Kirchenälteste der evangelischen Johannespfarrei Merzhausen, die in der Freiburger *Stadtzeitung* schreibt, mit folgender Einschätzung der Alternativen und Hausbesetzer wirklich ganz allein: »Nach meiner Meinung sind sie nicht schwach oder kaputt, zumindest nicht alle. Ich habe eher den Eindruck, daß viele unverbildet und gesund empfindend spüren, daß Wesentliches in der Zukunft für den Menschen verlorengeht, wenn er so weiter macht in Hast und Hektik, im Streben nach immer mehr – wenn er nicht mehr weiß, was ›leben‹ ist. Sie spüren dies an sich selbst, wollen ihr Leben selbst in die Hand nehmen, um sich zu retten – und sie brauchen dazu nur eines – Raum!«

Gesundes Empfinden, der unverbildete, starke Mensch und Jungvolk ohne Raum – für diese Diagnose alternativen Selbstverständnisses, die förmlich ins Auge springt, braucht man in Deutschland kein Langzeitforschungsprogramm und keine Gesprächstherapie, sondern man muß sich nur erinnern. Warum also fallen die Dinge, die eine ältere Dame unbefangen, in wohlmeinender Absicht und obendrein mit dem Einverständnis der Alternativen ausplaudert, niemandem auf? Warum dürfen bei den Alternativen Vokabeln wie Arbeitsdienst und Lebensraum, die im Munde von etwa Strauß einen mittleren Skandal im linksliberalen Feuilleton produzieren würden, unbeanstandet passieren? Wo bleiben die Ästheten, die alternative Poesie und Prosa als das denunzieren, was sie meistens sind: unerträglicher Kitsch und erbärmlicher Schund, landweiliger als jeder Groschenroman, nicht weniger affirmativ und viel schlechter geschrieben? Wer klärt die Alternativen, die mit ihrer Empfindsamkeit hausieren, darüber auf, daß die ›Träumer von einem anderen Leben‹ aus logisch zwingenden Gründen keine Träumer, sondern dreiste, unbelehrbar verhärtete Chauvinisten sind, weil sie sich mit dem Reklamekitsch, den Trivialmythen, die sie propagieren, um die einzig mögliche Empfindung, um die Erfahrung nämlich betrügen, daß wir – Traumurlaub, Traumwagen und Musik zum Träumen haben schließlich ihren Preis – keine Träume, sondern – der Traum knüpft an längst Vergangenes an – in Deutschland nur Alpträume haben können? Warum sieht niemand den offenkundigen Zusammenhang zwischen einerseits Straußens Diktum, das deutsche Volk habe mittlerweile wieder ein Recht, nicht an seine Vergangenheit erinnert zu werden, und andererseits alternativer Zuversicht, bei der Suche nach dem unverbildeten Selbst, nach den ursprünglichen Gefühlen, nach der vom erkennenden und urteilenden Verstand noch nicht bearbeiteten Menschennatur ausgerechnet in Deutschland Kostbarkeiten zu finden – in einer Gesellschaft, deren Ursprung eine unvorstellbare Katastrophe ist, wo praktische Vernunft, Menschlichkeit, Freiheit und Toleranz keine Tradition besitzen und deshalb keine Selbstverständlichkeiten sind, sondern den widerstrebenden Instinkten stets mühsam abgerungen durch die harte Arbeit des Verstands? Wer warnt die alternativen Selbsterfahrer davor, daß sie dort, wo sie nach Schätzen graben, nur Dinge finden können, vor denen man erbleicht? Warum fällt niemand auf, welch wohltuende, beinahe humane Kühle und Distanz ein Polizeiverhör besitzt, wenn man es mit der intimen Inquisition und den mit ihr verbundenen Unterwerfungsritualen vergleicht, die Besucher und Mitglieder der Alternativszene erdulden? Hat niemand im schrillen Verweis, kraft Mehrheitsbeschlusses wäre hier das Rauchen verboten, den Tonfall seiner hypochondrischen Tante wiedererkannt, die mit ihrem Gesundheitstick die Familie tyrannisiert? Und wenn es in einer exemplarischen alternativen Kontaktanzeige – »Nur für Frauen« – heißt: »Wir wollen uns erleben, uns erfahren, viel Spaß miteinander haben, uns fühlen, uns spüren, schauen, was kommt, was da ist«, sind diese deutschen Mädchen, die legitimen Nachkommen der Geschwister Wiesenthal, die allen Ernstes meinen, sie können einander so, wie Mama und Papa sie schufen, erfahren, erleben und obendrein auch noch Spaß dabei haben – sind diese deutschen Mädchen also so neckisch, so naiv und verspielt, wie sie sich geben, oder sind sie unverfroren und dreist? In welchem anderen Land der Erde käme man auf die scheußliche Idee, aus dem Ignorieren aller zivilisatorischer Barrieren, welche die Unterscheidung zwischen Fremden, Freunden, Genossen, Bekannten, Geliebten erst ermöglichen, ein Pflichtfach und einen Programmpunkt im Rahmen nicht etwa einer Orgie, sondern eines biederen Gruppentreffens zu machen? Klingt denn im Begriff der Selbstverwirklichung, dem robusten, pausbackigen Schlagwort der Bewegung, das Sich-breit-Machen und der Gebrauch des Ellenbogens nicht schon leise an? Läßt denn die positive, konstruktive, aufbauende Tendenz des Wortes nicht schon ahnen, daß das um jeden Preis zu seiner Verwirklichung entschlossene Selbst sich insgeheim im Einverständnis mit der Gesellschaft befindet, weil solche Entschlossenheit vom brutalen, aber domestizierten und kalkulierten Egoismus als Prinzip bürgerlicher Selbsterhaltung nicht zu unterscheiden ist?

Der Fragenkatalog ließe sich mühelos erweitern. Warum also wird er in der Öffentlichkeit nicht diskutiert? Warum haben fast alle, die nicht für atomare Aufrüstung und mehr Kernkraftwerke plädieren, die Alternativen und die Grünen unter Denkmalschutz oder Naturschutz gestellt? Ist konformierende Asozialität, der gescheiterte gute Wille, sich anzupassen, die mißlungene Anstrengung, unter den bestehenden Bedingungen ein bürgerliches Leben zu führen und also ein soziales Übel, woran in Deutschland traditionsgemäß auch Besitz- und Bildungsbürger, vor allem aber von ihrem Aufstieg überforderte Mittelständler leiden, der wahre Grund für die Schonbehandlung, die den Grünen und Alternativen durch die Etablierten widerfährt? Erkennt man im Aussteiger sein eigenes Alter ego, für welches die bürgerliche Existenz und vor allem ihre Pflichten und allen voran die, seinen eigenen Verstand zu gebrauchen, längst eine lästige Bürde geworden ist? Oder kündet die Nachsicht, mit der man Volksgemeinschaftliches, Biologismus und reaktionäre Ordnungsvorstellungen bei den Alternativen duldet, von einer politischen Wende? Werden sie wieder gebraucht? Wenn Bahro Bundesgenossen sucht von links bis »sehr weit rechts« und fraktionelle Streitigkeiten mit dem Hinweis »Wir sind doch alle Deutsche« schlichtet; wenn Glotz, Walser, Schlöndorff und viele andere an einen neuen Patriotismus denken; wenn Robert Jungk keineswegs abschätzig meint, Öko-Autor Haverbeck, damals Leiter der Reichsstelle für Volkstumsarbeit bei der NSDAP, sei einer der geistigen Väter der Wende; wenn Begin in einem seiner wenigen lichten Augenblicke ein paar vernünftige Bemerkungen über den deutschen Bundeskanzler fallen läßt, und dann machen alle, vom Oppositionsführer Kohl bis zu Augstein Männchen; und wenn man dann immer noch absolut vergeblich nach den ideologischen Voraussetzungen für den Rechtsradikalismus in der Bundesrepublik sucht – ist dann der Verdacht, so wie die Protestbewegung auf eine Regierung Schmidt herauslief, werde die Alternativbewegung vielleicht mit einer neuen Volksgemeinschaft enden – ist dieser Verdacht dann nicht erlaubt?

III

»Eine Heimat hat diese stadtgeborene Jugend nie gehabt, wie sollten ihr die Städte, diese Steinwüsten des verfaulenden Zeitalters, je zur Heimat werden können.« Dies lesen wir in einer Schrift, die es verdient, wörtlich zitiert zu werden. Da heißt es: »Weiter stürmte diese Jugend, das ›Leben‹ in dieser Zeit zu suchen. Aber auch Schule und Universität konnten es ihr nicht vermitteln. Ihr Intellektualismus zerstörte den natürlichen Einklang von Seele,

Leib und Geist und züchtete Bücherwissen, statt Lebenserkenntnis zu fördern, bildete Hirnwesen, die zwar das Leben katalogisieren, zergliedern und registrieren, ganze Bibliotheken mit ihrer Geschäftigkeit füllen, selbst aber vom Sturm des Lebens wohl selten ergriffen wurden. ... Das Wesen dieser Zeit heißt – auf eine Formel gebracht – Vernichtung des Lebens. Und zwar auf allen Ebenen. Ob nun das Leben des einzelnen physisch und seelisch zerstört wird durch die völlige Mechanisierung des Daseins, oder ob das Volk als Ganzes durch das Aussterben der der Stadt verfallenen Sippen nach der dritten Generation durch Geburtenrückgang, durch am Lebensmark zehrende Volksseuchen, seiner natürlichen Grundlage, dem Land, entwurzelt in seinen Großstädten dahinstirbt. Ja, darüber hinaus greift ein verblendeter Fortschrittswahn selbst in die Ordnung der Natur ein, die den Ahnen als geheiligt und unverletzlich galt. Unter der unwahrhaftigen Begründung einer ›unabänderlichen Entwicklung‹ zerstört die durch den Kapitalismus bewirkte Vergroßstädterung das Landschaftsbild.« Soweit also die düstere Bestandsaufnahme unserer kleinen Schrift. Doch weil solche Kulturkritik dramaturgisch stets wie ein Groschenroman konzipiert ist, zeigt sich dort, wo die Not am größten scheint, auch schon der Retter: »Die Jungen dieser bald ausgreifenden Bewegung vollziehen den Aufbruch, um angewidert von den städtischen Lebensverhältnissen und dem Geist der Zeit, draußen in der Natur ein freies Leben – ledig aller einengenden Konventionen – zu führen. Frei sein und in echter Jungenshaftigkeit das Leben schmecken, ist ihr Ziel. Das geben ihnen ihre wild-verwegenen Fahrten – ob Sonnenschein oder Regen und Wind ... Ihr Stolz ist, in allem auf sich selber gestellt zu sein. Hier schafft sich eine Jugend wieder den Lebensraum, den eine alternde Zeit ihr vorenthält.«
Kein Kenner wird bezweifeln, daß man mit diesen Sätzen bei den Grünen, bei den Bunten und bei den Alternativen heute viel Beifall ernten würde – und dabei ist die Schrift, aus der sie zitiert wurde, beinahe fünfzig Jahre alt. Sie ist 1933 in den ›Nationalsozialistischen Monatsheften‹ erschienen unter dem ebenso umständlichen wie bezeichnenden Titel »Aufbruch der jungen Nation. Ziel und Weg der nationalsozialistischen Volksjugendbewegung«. Ihr Verfasser war Werner Georg Haverbeck, der heute, 71 Jahre alt, das Collegium Humanum in Vlotho an der Weser leitet. Die Ökologiebewegung hat ihm zu später Publizität verholfen, und kein Geringerer als Robert Jungk hat ihn zu den geistigen Vätern einer Wende gezählt, die herbeizuführen mit jedem Tag dringlicher werde. Haverbecks erstes geistiges Kind wäre die ökologische Wende nicht, 1933 wurde er zum Leiter der ›Reichsmittelstelle für

Volkstumsarbeit‹ der NSDAP befördert. Wenn Robert Jungk, der es eigentlich wissen müßte, die geistige Vaterschaft der Ökologiebewegung für Personen wie Haverbeck reklamiert, dann hat diese Ökologiebewegung – um im Bild zu bleiben – ein Brüderchen, dann sind die Ökologiebewegung und die nationalsozialistische Volksjugendbewegung Geschwister.

In einer anderen Schrift wird eine neue Erziehung gefordert, die die Menschen endlich von den Schädigungen einer verflossenen Epoche befreie. Heftig wird in dieser Schrift gegen eine »Unzahl von Hemmungen und Minderwertigkeitsgefühlen« polemisiert, gegen die »Muffigkeit der bürgerlichen Sphäre«, gegen den »von Zierat überladenen Schwulst« und die »Hohlheit ihrer Ausdrucksmittel«, und dann heißt es: »Die Verbundenheit mit der freien Natur muß in der Jugend, in allen Deutschen wieder geweckt werden. Die falsche Scham, die Heuchelei gegenüber natürlichen Lebensvorgängen muß fallen ... Die Verächtlichmachung und die These von der Sündhaftigkeit des Leibes widerspricht dem ... Lebens- und Schönheitsideal, dem wir heute ... wieder zustreben.« Auch diese Schrift enthält neben programmatischen Forderungen weltanschauliche Betrachtungen allgemeiner Art: »Es bleibt ewig erstaunlich, wie diese nervös gewordene Menschheit ihren Sonderinteressen nachjagte und von angeblichen Erfolgen zu trügerischen Errungenschaften taumelte, ohne zu merken, wie ihr dadurch jede Sicht für das Große, für die Schöpfung: Natur und Geist um so sicherer abhanden kam, wie sie allmählich tatsächlich ›frei‹ von jedem richtigen Urteil, bar jeder tieferen Seelenregung wurde, hörig allein dem Geld, der Maschine, der Methode und dem Trieb.« Mag dieser moralische Verfall der Menschen auch erstaunlich sein, so hat er doch Gründe, und unsere kleine Schrift verschweigt diese Gründe nicht: »Nachdem bis dahin das Bauerntum der unerschöpfliche Lebensquell des Volkes nach Kraft und Zahl gewesen war, erschlaffte im Städter allmählich der Wille zum notwendigen Reichtum an Nachkommen; er strebte nur nach der Mehrung der materiellen Güter. Diese Gefahren begannen nun auch an den Geistestätigen in den Städten offenbar zu werden. Es wird Aufgabe einer künftigen Kulturgeschichte sein, die erschreckende Wandlung von der Bindung zur Entwurzelung, vom Volkstum zur Asphaltkultur, vom einigenden Gemeinschaftsgefühl zum verantwortungslosen Individualismus anhand der kulturellen Leistungen der Epoche darzustellen. Welche Güter echten Lebensgefühls unter dem Schutt des Liberalismus zugrunde gegangen sind, das können wir gerade heute ermessen, wo wir im Kampf für eine volksgebundene Kultur leidenschaftlich bestrebt sind, überall das urdeutsche

Wesen freizulegen und an Stelle der verderbten Zivilisation endlich jene artgemäße Gesittung neu zu schaffen, die zu gestalten Aufbruch des deutschen Volkstums vor hundert Jahren versagt war, weil er keine Gemeinschaftsbewegung war.« In dieser Schrift sind Begriffe wie ›Einfachheit‹, ›Ursprünglichkeit‹ und ›fruchtbares Leben‹ fett gedruckt, neben der ›Ganzheit‹, der ›organischen Idee‹ und ›unserem ganzen Lebensgefühl‹ kommen der ›neue Nationalismus‹, das ›Heimatgefühl‹ und die ›völkische Lebensmitte‹ darin vor. Es klingt, als hätten sich unter dem Vorsitz von Rudolf Bahro, Robert Jungk und Peter Brandt die Alternativen, die Ökologen, die Bhagwan-Anhänger und die Anthroposophen auf ein neues Grundsatzprogramm geeinigt – und dabei ist auch diese Schrift bereits 45 Jahre alt. Als Heft 1 der ›Nationalpolitischen Aufklärungsschriften‹ ist sie im Jahre 1936 unter dem Titel »Grundzüge der nationalsozialistischen Weltanschauung« erschienen.
Auf die Gegenüberstellung dieser Zitate mit Texten, wie man sie in den Publikationen der Ökologie- und der Alternativbewegung findet, möchte ich verzichten, denn dies ist ein Kommentar und keine Anklageschrift in einem Indizienprozeß. Jeder mag selbst beurteilen, ob die zitierten Passagen nicht heute einen vertrauten Klang besitzen, der angesichts ihrer finsteren Herkunft ein wenig erschreckend ist. Auch könnte keine Gegenüberstellung beweisen, daß die Ökologiebewegung unmittelbar selbst schon faschistische Züge trüge, denn unmittelbar faschistisch waren auch die Jugendbewegungen um die Jahrhundertwende und zwischen den Weltkriegen nicht. Nur hat die erste deutsche Jugendbewegung in Langemarck den Tod, die zweite in Adolf Hitler ihren Führer gefunden, und es gibt zwingende Gründe für die Annahme, daß diese historische Pechsträhne kein Zufall ist. Wie ihre Vorgänger wünscht sich die heutige Jugendbewegung die Rückkehr zu Verhältnissen, in denen sie irrtümlich Restbestände aus besserer Vorzeit wittert und die in Wirklichkeit nicht minder modern sind als zeitgenössische Datenverarbeitungsmaschinen. Nicht nur die propagandistische Wirkung, sondern auch der reichliche Gebrauch von Begriffen wie Echtheit, Natur, Leben, Ganzheit, Heimat, Volk, läßt sich ziemlich genau datieren. Es sind dies sämtlich Schlagworte einer Zeit, die mit dem ersten Weltkrieg ihren krönenden Abschluß fand. Und nicht die Landbevölkerung sprach von der Heimat und von der Schönheit der Natur, zu der sie begreiflicherweise ein ziemlich nüchternes Verhältnis hatte und aus der sie, von nackter Not getrieben, in die industriellen Ballungszentren entwich, sondern von der Heimat sprachen schon damals konservative Propagandisten, die ein sensibles Gespür für

die heraufziehende Krise der bürgerlichen Welt besaßen. Die genannten Begriffe, die Bloch als Antimechanismen bezeichnet, sind ebensowenig Überbleibsel aus einer besseren Zeit und einer heilen Welt, wie der mittlere Angestellte, der sich nach Feierabend bei Transzendentaler Meditation erquickt, dies deshalb tut, weil er seine buddhistische Vergangenheit noch nicht ganz erledigt hätte. Der sprichwörtliche Experte auf Cape Canaveral vertraut nicht deshalb in letzter Instanz der Wahrsagerin, seinem Horoskop oder dem Maskottchen, welches am Computer baumelt, weil er vom Fortschritt noch nicht tief genug durchdrungen ist, sondern weil dieser unvollkommene Fortschritt stets Gefahr läuft, umzuschlagen in neuen alten Irrationalismus, in Obskurantismus, in Mythologie und Wahn. Die Alternativ- und Ökologiebewegung ist mit all ihren Irrationalismen, welche sich um die zentralen Schlagworte Leben, Natur, Gesundheit, Erlebnis ranken, nur ein Symptom der Krise, für deren Lösung sie sich hält – ein Mißverständnis, welches in der deutschen Geschichte schon zweimal fürchterliche Konsequenzen hatte.

Anmerkungen

1 Dieser Text wurde im Mai 1981 geschrieben. Im Mai 1982 brachte die *taz* einen Wut-Kommentar zu den allerdings empörenden Urteilen im Brokdorf-Prozeß unter dem Titel »Wir hassen, weil wir lieben«. Hilmar Zschach begründet darin, warum er Staatsanwaltschaft, Landesregierung und Gericht nicht leiden kann: »Die ganze Bande hasse ich wie die Pest. Und ich nehme mir das Recht raus. Ja, ich darf sie hassen mit unserem großen Lehrer Tucholsky, weil wir eben lieben. Weil ich dieses Land liebe. Dieses Land Schleswig-Holstein.« (*taz* vom 14. 5. 82, S. 3)

2 Dabei gibt es mittlerweile hinreichend Grund, genauer nachzubohren. Verglichen mit dem Prüfungs- und Auswahlverfahren, welchem Bewerber um einen Platz in der Wohngemeinschaft normalerweise unterzogen werden, ist ein Anhörungsverfahren im öffentlichen Dienst eher harmlos. Während es im öffentlichen Dienst genügt, nicht als DKP-Mitglied

aufgefallen zu sein, stellt die Wohngemeinschaft weit höhere Anforderungen nicht nur an die Gesinnungstreue des Bewerbers, sondern auch an sein Geschlecht, seine Lebensgewohnheiten, seine Feelings, Vibrations, Kleidung, Auftreten, Erscheinung, Umgangsformen etc. Wer dringend gerade ein Zimmer braucht, hat dann keine andere Wahl, als sich unterzuordnen, sich einzufügen, sich anzupassen. Zwar ist dieser Zwang bekannt, aber er wird in der Regel als Auswuchs, als Randerscheinung betrachtet. In Wahrheit ist er das Wesen der Sache. Wohngemeinschaft heißt: Nicht als einzelnes bedürftiges Individuum, sondern nur als Mitglied der Gemeinschaft hat man Anspruch auf Wohnraum. Durch ihre Verbindung mit dem Wohnen ist Gemeinschaft nicht mehr die freie und freiwillige Vereinigung, die sie prätendiert, sondern eine Zwangskörperschaft wie die Volksgemeinschaft. Wie es hier nicht genügt, seine Steuern zu zahlen und die Gesetze zu achten, man vielmehr obendrein mitsingen und mitmachen muß, so reicht es in der Wohngemeinschaft nicht aus, daß man seine Miete pünktlich zahlt und das Radio auf Zimmerlautstärke stellt, sondern es werden zusätzliche Anpassungsleistungen erwartet. In freiheitsliebenden Ländern hat sich die Wohngemeinschaft deshalb nicht durchsetzen können. Dort achtet man den Unterschied zwischen den lebensnotwendigen Dingen und solchen, bei denen die freie Entscheidung die Hauptrolle spielt. Eine Wohnung braucht jeder, eine Gemeinschaft nicht. Beides zu verbinden, heißt, dem einzelnen die Gemeinschaft aufzuzwingen. Es entsteht dabei ein ebenso sentimentales wie brutales Gebilde. Eine Wohngemeinschaft wird nicht als nüchterner Zweckverband begriffen, sondern als Lebensform, die auf einer innigen Verbindung der einzelnen basiert. Wer nicht mitmachen will, kriegt kein Zimmer. Schon als die Wohngemeinschaften noch politisch waren, besaßen sie einen Hang zum Totalitären, und zwar in einem ganz präzisen Sinn. Während es sich in Frankreich von selbst verstand, daß ein Mensch, dessen politische Überzeugungen man teilt, nicht unbedingt einer sein muß, mit dem man auch Tisch und Bett teilen möchte, hieß hier von Anfang an die Devise: alles oder nichts. Daher auch die Tendenz zur Uniformierung. Wenn es stimmt, »daß die zur verzweifelten Isolierung Vergesellschafteten nach Miteinandersein hungern und zu kalten Haufen sich zusammenrotten« (Adorno, Minima Moralia Nr. 103), dann war die Vergesellschaftung zur verzweifelten Isolierung in Deutschland besonders kräftig ausgefallen. Der Kollektivismus ist die Ideologie der atomisierten Massen.

Ein Volk, ein Reich, ein Frieden

Wenn die Atombomben gezündet werden, sind wir tot. Mit den Gegnern der Nachrüstung und der Neutronenbombe aber müssen wir leben. Wenn die Bombe gefallen ist, leidet niemand mehr. Wir leiden – im Atomzeitalter eilen die Kriegsfolgen dem Krieg voraus – an ihren vorweggenommenen politischen Folgeschäden. Danach soll es angeblich singende Küchenschaben mit fünf Köpfen und vier Meter langen Beinen geben. Die Mutationen aber, die uns interessieren, finden vorher statt, und sie sehen ganz anders aus: Man hat eine Friedensbewegung machen wollen, und es wurde eine deutschnationale Erweckungsbewegung daraus.

»Kein Deutscher kann diese bedingungslose Unterwerfung der Interessen unseres Volkes unter fremde Interessen, diese Auslieferung der Verfügung über die Existenz unseres Volkes an eine fremde Regierung hinnehmen.« Das bekannte Wort, der vertraute Klang: Danach müßte das Deutschlandlied ertönen, und dann käme der Fahneneid. Wenn solche Parolen aus dem Volksempfänger dröhnen, dann spüren wir, daß wir in der Heimat sind. Die Bevölkerung zur gedemütigten, ja, todgeweihten Schicksalsgemeinschaft zusammengeschweißt, keiner darf abseits stehn, man kennt nur noch Deutsche, aber keine Parteien mehr: So hat der erste Weltkrieg begonnen, so wurde gegen die Kriegsschuldlüge geeifert, gegen das Versailler Friedensdiktat, gegen die Zinsknechtschaft, dem deutschen Volk auferlegt vom internationalen jüdischen Finanzkapital. Das war, fast wörtlich, die Parole von Strauß, als angeblich die Bundesregierung das Volk an die Russen verschacherte, mittels der Ostverträge.

An diesen Text haben wir uns längst gewöhnt. Wenn niemand mehr die Existenz des Volkes bedroht sehen würde – durch die Ausländer, durch die Roten, die Chaoten, mangelnden Kindersegen, wachsende Staatsverschuldung, anschwellende Asylantenflut –, so würde uns etwas fehlen. Nur hat das diesmal nicht Dr. Seltsam im Gespräch mit der *Nationalzeitung* gesagt, sondern Professor Gollwitzer hat es in einem Leserbrief dem *Spiegel* geschrieben. Und er hat mit der bedingungslosen Unterwerfung, die er der Bundesregierung vorhält, nicht etwa, wie man denken sollte, eine von den Alliierten verordnete Demobilisierung der Bundeswehr gemeint, sondern die Stationierung von Raketen. Ein Kriegstreiber ist Gollwitzer, ein Mann von unbestreitbaren Verdiensten, natürlich nicht. Sein Aufruf zur Generalmobilmachung für den nationalen Befreiungskampf hat nicht die Wehrertüchtigung bezweckt, sondern die Erhaltung des Friedens. Mit guten Absichten aber ist der Weg zur Hölle dann gepflastert, wenn die gute Absicht als Wechsel auf eine Generalabsolution verstanden wird, die auch unverzeihliche Fehler deckt.

Mögen anderswo menschliche Vernunft, menschliche Absicht und menschlicher Wille bloß eine List der Geschichte gewesen sein – in Deutschland waren sie allesamt ausgekochte, abgefeimte Hinterlist. Sogar die ›antikapitalistische Sehnsucht der Massen‹ führte hier gegen alle Erwartung nicht zur revolutionären Befreiung von der Herrschaft des Kapitals, sondern zu deren Krönung, Vollendung und Aufhebung im KZ. Die Teilung hat dieses Land nicht, wie von den Alliierten beabsichtigt, halbiert, sondern verdoppelt. Im nationalen Größenwahn ist es untergegangen, aber Untergänge waren für Deutschlands Wirtschaftskraft stets Frischzellenkuren. Hier hat man sich nach der Gleichheit aller gesehnt, und der Eintopfsonntag ist dabei herausgekommen. Hier hat man die Abschaffung von Privilegien so verstanden, daß der kleine Mann, so er Blockwart ist, keine Nachteile befürchten muß, wenn er die Privilegierten denunziert. Hier hat man wortgewaltig den Krämergeist und die Kapitalisten beschimpft und das Kapital gedieh prächtig dabei, aber danach waren alle Juden tot. Hier ist nichts ungefährlich, nicht mal die Begeisterung für den Frieden – schon gar nicht, wenn die Friedensbegeisterung eine deutschnationale Erweckungsbewegung katalysiert.

Man könnte nun einwenden, daß Pershingraketen und Neutronenbomben eine Bedrohung seien, gegen die man zu Recht sogar mit dem Teufel paktiert: Und wenn wir täglich dreimal sämtliche Strophen des Deutschlandliedes singen, dem kleinen Mann (Ausländer raus) aus der Seele sprechen, und Adolf von Thadden, so er noch lebt, zum Bundeskanzler wählen – Hauptsache, die Atomraketen fliegen raus; und wenn wir die Internationale nur noch heimlich hören und sämtliche Einsichten, Erkenntnisse und Prinzipien an die demagogischen Phrasen einer deutschnationalen Friedensbewegung verraten – Hauptsache, die Atomraketen kommen weg. Man vergißt dabei, daß von all den Dingen, welche eine deutschnationale Friedensbewegung attackiert – die Nachrüstung einerseits, aber andererseits beispielsweise die Einsicht, daß kein Sozialist diesem reaktionären Land so, wie es ist, noch mehr Souveränität wünschen kann und daß wir überhaupt keinen Grund haben, es gegen irgendeine fremde Macht zu verteidigen und es gar zu lieben –, man vergißt also, daß von all den Dingen, welche eine deutschnationale Friedensbewegung attackiert, die Atomraketen

am widerstandsfähigsten sind. Mit Sicherheit sind die Raketen am Ende immer noch da, und nur unser Verstand, unsere Glaubwürdigkeit, unsere Einsichten und Erkenntnisse sind weg. Eine Friedensbewegung, die keine Parteien und Klassen mehr, sondern nur noch Deutsche kennt, kann nur einen Teilerfolg erringen: die endgültige Niederlage der Linken.
So könnte man lange weitersprechen. Man könnte an Brechts Diktum erinnern, wonach es die vielen alltäglichen kleinen Lügen sind, durch die wir uns mitschuldig machen an der großen Katastrophe. Wenn Gollwitzer und mit ihm die neue Friedensbewegung diese Bevölkerung in ›unser Volk‹ verwandelt, dann wurde nicht nur ein Possessivpronomen gesetzt, wo ein Demonstrativpronomen am Platz wäre. Das Volk ist kein Begriff, den die Nazis erst ruinieren mußten, sondern seit hundert Jahren schon die Lüge von der notwendigen schicksalhaften Verbundenheit der einzelnen im nationalen Zwangskollektiv – die Lüge also, welche die aufklärerische Idee der Menschheit und mit ihr das bis heute uneingelöste Versprechen der sozialistischen Revolution dementiert, den Verein freier Menschen. Man könnte Gollwitzer fragen, ob er wirklich ernsthaft meint, das Verfügungsrecht über die Existenz einer Bevölkerung müsse erst in fremde Hände fallen, um ein Unrecht zu werden – als wäre nicht dieses Verfügungsrecht selbst schon der Skandal. Man könnte ihn um eine Erklärung bitten, woraus er dann die sonderbare Zuversicht schöpft, eine vom Ausland unabhängige Bundesregierung würde auf die Bevölkerung insgesamt und vor allem auf Gollwitzer selber mehr Rücksicht nehmen. Nicht von fremden Mächten, sondern von deutscher Polizei, von der Gestapo und der SS wurden die Menschen, an die wir uns erinnern, ermordet und vertrieben. Im Ausland fanden manche Asyl. Daß wir hier weitgehend unbehelligt leben können, verdanken wir keiner deutschnationalen Souveränität, sondern dem Sieg der Alliierten. Und vor Jahresfrist hat man gewünscht, im Falle eines Wahlsieges von Strauß werde das Ausland, notfalls der CIA, das Schlimmste verhüten. Wenn Albertz jetzt öffentlich hofft, daß der Patriotismus in Deutschland nie ganz verloren gegangen sei, so ist dem entgegenzuhalten, daß sich zwar niemand das Land, in dem er geboren, und die Sprache, in der er erzogen wird, aussuchen kann. Die Entscheidung aber, jene Zufallsbedingungen, denen er seine Existenz verdankt, zu schätzen oder zu verfluchen, steht jedem frei. Wer Gründe findet, ausgerechnet dieses Land zu schätzen, soll sie nennen. Wer keine findet und trotzdem liebt, soll schweigen; was jemanden im Innersten seines Herzens bewegt, geht uns nichts an. Und wenn die *taz,* im Zusammenhang mit der Friedensbewegung, fragt: »Warum

haben wir 36 Jahre nach dem 2. Weltkrieg noch immer keinen Friedensvertrag?«, dann ist neben dem Erstaunen über das nationale ›Wir‹ im Alternativblatt die Gegenfrage berechtigt: Warum wurde Deutschland damals nicht einfach unter seine Anlieger aufgeteilt – für Auschwitz und 50 Millionen Tote ein vergleichsweise bescheidener und vor allem unblutiger Preis.
So könnte man also lange und geduldig fragen, argumentieren, erklären – wenn die Matadore der neuen Friedensbewegung statt routinierter Veteranen unwissende Anfänger wären. So könnte man Irrtümer aufdecken und korrigieren, so könnte man manierlich über Strategie und Taktik diskutieren – wenn jene Linken, die plötzlich deutschnationale Phrasen im Munde führen, wenigstens windige Opportunisten und durchtriebene Taktiker wären und nicht das, was sie sind, nämlich aufrechte, grundehrliche, treu- und reinherzige Überzeugungstäter. Längst ehe man von der Nachrüstung, der Neutronenbombe und der Friedensbewegung sprach, haben sie, die im Gegensatz zu Millionen von der Not vertriebenen Ausländern in der Bundesrepublik ihr Sprachgebiet nie verlassen mußten und meistens seit Jahren schon im selben Kaff und in derselben Wohnung nisten, ihrer angeblich verlorenen Heimat nachgeflennt. Wenn Piwitt in *Konkret* meint: »Dieses gedrückte Nationalgefühl der Deutschen rührt auch daher, daß ihnen die revolutionären nationalen Traditionen abgeschnitten wurden«, so ist dies – weil niemand anders als die Deutschen selber ihre (falls überhaupt vorhandenen) revolutionären Traditionen abgeschnitten haben und weil einer den Finger hinhalten muß, damit ihn ein anderer einfach abschneiden kann – eine weinerliche Lüge, die weder dem Frieden noch der Abrüstung dient, sondern einzig dem Gemütshaushalt ihres Erfinders. Wenn Piwitt, der Mann mit der Moralinspritze und dem Zeigefinger, fortfährt: »Dadurch entstand diese amerikahörige Kultivation, dadurch entstand diese Yankee-Sprache, die mit ›fighting‹ und ›dope‹, ›power‹ und ›message‹ uns selbst dort noch beherrscht, wo wir Widerstand leisten«, dann kommt er mit seinem Vorschlag, die deutsche Sprache von Amerikanismen, also Fremdwörtern, zu reinigen, natürlich wieder mal zu spät. Die deutsche Schlagerwelle ist längst am Rollen. Wenn der linke Schriftsteller Gerd Fuchs im Gespräch mit Piwitt, abgedruckt in *Konkret*, behauptet: »Diese Leute haben uns die Ehre abgeschnitten. Ein ganzes Volk haben sie zu ihren Komplizen gemacht. Das ist eine ideelle und auch politische Vergiftung«, – dann braucht es gar nicht klar zu werden, ob er mit ›diesen Leuten‹ die amerikanische Regierung, die Bundesregierung oder die Nazis meint. Dies Volk jedenfalls hat nichts Böses getan, man hat es nur aufs Kreuz gelegt und verführt, und Schuld

hatten immer die anderen. Wenn Piwitt schließlich das deutsche Kulturerbe tapfer gegen die Überfremdung verteidigt, indem er herzzerreißend über die Besetzung seiner Heimat durch die ›Yankee-Kultur‹ stöhnt, und wenn er dann jene Frage stellt, welche die Hauptnutznießer wirklicher Ausbeutung und Unterdrückung in der Dritten Welt offenbar am meisten quält: »Also: Wie kann ich mich wehren gegen den täglichen Kolonialismus?«, dann tut er genau das Richtige, freilich am einzigen falschen Ort auf der ganzen Erde. Mögen anderswo dem amerikanischen Kulturimperialismus die tradierten Lebensformen ganzer Nationen zum Opfer gefallen sein – in Deutschland aber begann mit dem amerikanischen Kulturimperialismus nicht die Barbarei, sondern die Zivilisation. In diesem Land ist jede weitere Filiale der McDonald-Hamburger-Kette eine neue Insel der Gastfreundschaft und eine erfreuliche Bereicherung der Eßkultur. Die USA wegen ihrer Rüstungspolitik und ihrer Unterstützung für so ziemlich sämtliche Folterregime auf der ganzen Welt anzugreifen, ist eine Sache, aber der Satz, wonach »in einer einzigen Symphonie von Beethoven mehr Kultur liege, als ganz Amerika bisher zusammengebracht hat«, stammt von Hitler, und der Jazz war hier schon mal verboten. Im Dritten Reich galt Amerika als ordinäres, vielsprachiges Rassengemisch, und dabei ist es, wie man aus dem gehässigen Wörtchen ›Yankee-Kultur‹ schließen muß, geblieben. Die großen politischen Verbrechen, die von Deutschland begangen wurden, entbinden uns nicht von der Pflicht, die kleineren Amerikas anzugreifen. Aber jeder begründete Protest gegen die US-Politik ist hier bloß reaktionär, wenn er eine kleine Tatsache vergißt: Hätte Deutschland jemals die militärischen Machtmittel der Vereinigten Staaten besessen, würde auf diesem Planeten niemand mehr leben. Den Protest gegen den Vietnamkrieg – wie lang ist das schon her – haben wir noch im Zusammenhang mit dem deutschen Faschismus begriffen. Kein Deutscher, der sich so nennt, hat das Recht, Amerika zu richten. Wer in Deutschland lebt und trotzdem zu den Verbrechen, die überall auf der Welt begangen werden, nicht schweigen will, muß zuallererst auf seine Nationalität verzichten. Die Deutschtümelei und die nationale Demagogie, welche die neue Friedensbewegung gegen die Nachrüstung und die Neutronenbombe angeblich stärken sollen, entziehen ihr in Wahrheit jede moralische und politische Legitimation. So muß man argwöhnen, nicht erst – was entschuldbar wäre – die Neutronenbombe habe den deutschen Linken den Verstand geraubt, sondern sie hätten ihn längst verloren. So wird man den schlimmen Verdacht nicht los, daß es der Friedensbewegung gar nicht so sehr um die Nachrüstung gehe. Das Blut-und-Boden-

Geraune, das Heimatgeflüster, die Gebärfreude und der Mutterkult, die Liebe zu den bleichen Müttern, den Trümmerfrauen, zur Rohkost, zur Natur und zum Heidekraut – dies explosive Gemisch aus den landesüblichen Gefühlsvaleurs, Larmoyanz und Brutalität, hat es lange vor der Nachrüstung gegeben, und es hat nur noch der Funke gefehlt. Nun ist die Neutronenbombe zum Zünder für eine deutschnationale Erweckungsbewegung geworden. Die Alternativen sind ihre Massenbasis, und das Vaterland hat seine verstoßenen Kinder wieder fest in seine Arme geschlossen. Dies Land zu einen, hat es schon immer überirdischer Kräfte und halber Weltuntergänge bedurft.
Was daraus folgt? Natürlich nichts. Amerika ist mächtig und groß, die D-Mark fällt, die Deutschen sind Anpassungskünstler und Meister darin, sich nach der Decke zu strecken. Übers Jahr ist das alles wieder vergessen, die Nachrüstung und die Neutronenbombe natürlich auch. Dann geht es gegen die Türken.

Nachtrag

Dieser Text wurde im September 1981 geschrieben. Im Dezember '81 war das »Ausländerproblem« auf die Titelseite des *Spiegel* gerückt (Nr. 50/81). Weitere *Spiegel*-Titel aus dieser Zeit: Saurer Regen über Deutschland. Der Wald stirbt (Nr. 47/81); Die Lust am Weltuntergang (Nr. 53/81); Die Angst der Deutschen (Nr. 3/82). Im Frühjahr 1982 erschien von Martin Neuffer, dem ehemaligen NDR-Intendanten ein Buch mit dem Titel »Die Erde wächst nicht mit«, der *Spiegel* druckte in seiner Nr. 16 Auszüge. Auch der *Deutschen National-Zeitung* war dies Buch aufgefallen. Sie schrieb in ihrer Ausgabe vom 30. 4. 82: »SPD-Neuffer schlägt Töne an, die aus der *National-Zeitung* stammen könnten: ›Es soll das Recht der Deutschen gewahrt und gesichert werden, in einem deutschen und nicht in einem Vielvölkerstaat zu leben.‹ Damit hat er genau den Kernpunkt getroffen: Wir Deutschen wollen, daß Deutschland unser Land bleibt.« Die Balkenschlagzeile über diesem Artikel auf der Titelseite hieß: BEHERRSCHEN AUSLÄNDER BALD VÖLLIG UNSER LAND? Vgl. in diesem Band »Vier Milliarden Ausländer«.

Die Angst der Deutschen

»Wenn ich einmal zu fürchten angefangen hab ich zu fürchten aufgehört«
Schiller, Don Carlos, I. Akt, 6. Auftritt

Gefühle sind flüchtig, verschlungen und trügerisch. Teils kennen sie den eigenen Namen nicht, teils wollen sie ihn nicht verraten. Was uns als Fremdes abstößt, ist uns nur allzu vertraut, uns ekelt, wonach wir gieren, wir putzen, um im Schmutz zu wühlen, man glaubt zu leiden und genießt dabei den Schmerz in vollen Zügen, es tut so weh, aber das tut so gut, wir fesseln, fressen und erdrücken nicht die Menschen, die wir hassen, sondern die wir lieben, wir lieben in der zarten Schönheit einer Blüte unsere eigene Übermacht, die Blättchen einzeln abzuzwicken, vermeintlich vor wilden Tieren soll das Begräbnis unsere Toten schützen, in Wahrheit aber uns vor ihnen, vor ihrem Fluch, vor den Gespenstern, und tiefste Trauer ist eine berechnende List, die Toten gnädig zu stimmen, die wir im Leben so oft verwünschten. Kein echtes, aufrichtiges und reines Empfinden daher, das nicht auch durchtrieben, doppelbödig und vorgetäuscht wäre.

Skandalgeschichten und Enthüllungsberichte aus dem menschlichen Seelenleben haben deshalb eine lange Tradition. Von ihrem Reiz hat früher die Literatur gezehrt und später die Fachliteratur, besonders die popularisierten Darstellungen der Psychoanalyse. Zuletzt war es während der Protestbewegung und danach ein vor allem bei linken Wohngemeinschaften beliebtes Gesellschaftsspiel, sich mit dem Aufdecken der wahren seelischen Hintergründe und Motive an langen Winterabenden wechselseitig um den Verstand zu bringen. Die Angst war dabei ein besonders dankbares und ergiebiges Thema. Man kann sich vorm Fliegen, vor der Höhe, vor geschlossenen Räumen, vor Menschenmassen, kleinen Tieren, der Dunkelheit und zahllosen anderen Dingen fürchten – die Liste der möglichen Angstmacher ist so lang wie die Phobienlehre breit. Und jede dieser Ängste ließ sich einzeln abendfüllend diskutieren: Ob sie neurotisch oder psychotisch sei, und ob das Über-Ich, das Es, das Verdrängte, ein Kindheitstrauma, der Vater oder die Mutter der eigentliche Urheber war. Duhms Bestseller »Angst im Kapitalismus« lag damals als Ratgeber in allen Lebenslagen auf den Nachttischen griffbereit, und jede noch so begründete Äußerung von Angst galt als Symptom,

welches dem Kenner eine verkorkste Vaterbeziehung, eine verschleppte Mutterbindung, ein unausgeglichenes Sexualleben oder reaktionäre Gesinnung verriet.
Partiell ist jene aggressive Skepsis gegen elementare Gefühle heute trotzigem Bekennermut gewichen. Die Linke hat keine Taten vorzuweisen oder Taten zu verleugnen, so will sie wenigstens zu ihren Gefühlen stehen. Standfestigkeit und Charakterstärke verbinden sich dabei aufs vorteilhafteste mit der Freiheit von einengenden Prinzipien. Sich nicht mehr zu den Parolen von gestern, sondern zu den Gefühlen von heute zu bekennen, ist ein Gewinn an Flexibilität, an geistiger und politischer Beweglichkeit. Aufrichtigkeit gegenüber den eigenen Gefühlen und der Beistand, den man ihnen leistet, bilden gemeinsam die neue Treue. Sie ist nicht minder stolz als die alte, im Unterschied zu ihr aber von lästigen Bindungen und Verpflichtungen frei.
Die Praxis der Treue zum eigenen Gefühl ist die Abwehr fremder Zweifler. Zwar ist es im linken Milieu nach wie vor opportun, statt beispielsweise von Eifersucht besser vom Beziehungsproblem zu sprechen. Das zur Atomkriegs- oder Weltuntergangsangst hochsublimierte Angstgefühl aber ist dort so sakrosankt, so universell und fundamental geworden wie in der christlichen Religion die Idee der göttlichen Liebe gewesen war. Vor der propagierten Lauterkeit, Tiefe und Inbrunst dieses Gefühls werden Skepsis oder nüchterne Analyse zur bodenlosen Gemeinheit. Einen eifernden Propagandisten seiner Angst darauf hinzuweisen, daß er nicht ängstlich, sondern eher wütend scheine, während er seine Angst beteuert, ist dasselbe, wie wenn man von Inzestwünschen und ödipalen Konflikten spricht, wo noch der Glaube an die echte, wahre, tiefe, reine Mutterliebe gilt.
Im unerschütterlichen Bekennermut beweist die neue Treue zu den eigenen Gefühlen eine fast visionäre Glaubenskraft. Wer etwa mit hängenden Schultern, gesenktem Blick und belegter Stimme sagt, ihm wolle vor Freude schier das Herz zerspringen, wird normalerweise ausgelacht. Wer seine Liebe nur erklärt und dabei auch noch kräftig gähnt, wird kaum auf große Gegenliebe stoßen. Auch Angst ist eine Gemütsverfassung, bei deren Diagnose man sich in der Regel nicht auf Informationsbulletins und Presseerklärungen verläßt. Wie andere Gefühle auch wird Angst nicht durch Beteuerungen glaubhaft, sondern man erkennt sie am Zittern oder Erstarren, am Stottern oder Versagen der Stimme, am flackernden Blick. Wenn jemand nicht mehr weinen, lachen, zittern, schluchzen muß und fähig ist, über sein Gefühl zu sprechen, ist dessen überwältigende Kraft schon erloschen. Es dominiert dann nicht mehr das Gefühl selber, sondern die Reflexion auf dieses Gefühl

Havemanns offener Brief und das linke Unterschriftenkartell

Um Havemann war es still geworden. Nun liest man in der Zeitung, er habe Breschnew einen offenen Brief geschrieben. So schreiben kleine Kinder an den Nikolaus oder an den lieben Gott im Himmel, und wenn sie älter geworden sind, dann schreiben sie an Konrad Adenauer, Marika Rökk oder Udo Jürgens. Wenn Havemann Breschnew in Fragen der großen Weltpolitik berät, dann setzt der Rentner aus Grünheide bei den Mächtigen dieser Erde irrtümlich die eigene kleinbürgerliche Enge, Armut und Ohnmacht voraus – wie wenn es für die Entscheidungen der Machthaber keine triftigeren Gründe gäbe als ausgerechnet Argumente; wie wenn die Verwandlung der Welt in zwei atomar gerüstete Blöcke ein Versehen der Machthaber wäre und nicht ihre Geschäftsgrundlage; wie wenn schließlich mit der letzten Interkontinentalrakete nicht auch die Bedrohung verschwinden würde, welche die Loyalität der Massen in beiden Blöcken garantiert. So klug, wie die ewigen Volksschullehrer beim Politisieren im Freundeskreis oder am Stammtisch sind, sind die Machthaber allemal. Und wenn Havemann ernsthaft meint, der erste Mann im Kreml werde seine Ratschläge beherzigen oder auch nur zu Gesicht bekommen, dann besitzt er entweder ein solides Gottvertrauen, oder er leidet unter einer grotesken Überschätzung seiner Person.

Dies ist zwar peinlich, ein Grund zur Häme aber ist es nicht. Ganz generell hat sich die Geschichte, die wir kennen, stets einen Dreck um die besseren Argumente geschert. Die Werke von Marx und Bakunin sogar haben es nicht vermocht, sie entscheidend zum Besseren zu verändern. Viel klügere Bücher sind schon geschrieben worden, als wir sie heute schreiben können, und viel mehr, als ein Mensch je liest. Zielstrebig ist die Geschichte trotzdem bis an die Schwelle des atomaren Weltuntergangs fortgeschritten, und angesichts dessen ist jedes weitere geschriebene Wort zwangsläufig naiv. Einfalt, Gottvertrauen und Größenwahn sind deshalb nicht Havemanns persönliche Schrullen, sondern die gehören zur Grundausstattung des heutigen Schreibers, zu seinem geistigen Betriebskapital. Das Theater ist tot, die Literatur ist tot, die Theorie ist tot. Aber was hilft's, wenn man Schauspieler, Literat oder Schreiber ist, man muß ja irgendwie leben. Die Schauspieler,

Literaten und Schreiber haben also die Literatur, das Theater und die Theorie überlebt. Kein Wunder, wenn sie, die als einzige Überlebende einer gespenstisch gewordenen Tätigkeit weiterhin nachgehen, Gefahr laufen, dabei naiv, vertrauensselig, gottgläubig und größenwahnsinnig zu werden. Nicht im Prinzip, sondern bloß durch die Nuance, unterscheidet sich der Brief des Rentners, der seinen Streit mit einem Nachbarn vor die UNO bringen will, von einem aufklärerischen Pamphlet.
Wenn im Prinzip jeder Text, der beansprucht, die Welt zu verändern, nach allem Vorgefallenen nur die Einfalt und den Größenwahn seines Erfinders bezeugt, dann können im Einzelfall nur Takt und Fingerspitzengefühl verhindern, daß der Schreiber sich tatsächlich blamiert. Takt und Fingerspitzengefühl bezeichnen die Fähigkeit, jene Peinlichkeiten, die in der Sache selbst angelegt sind, zu überspielen oder zu vermeiden. Wo das Fingerspitzengefühl über die Vermeidung der Blamage entscheidet und zudem der Takt sich nicht mehr an gültigen Konventionen und tradierten Umgangsformen orientieren kann, herrscht Glatteis. Jeder tritt mal daneben, jeder rutscht mal aus. Dann ist es die Pflicht der anderen, ihn diskret zu stützen.
Als Havemann, der gerne mit den ganz Großen korrespondiert und vielleicht denken mag, er sei die graue Eminenz hinter den Kulissen der Weltpolitik in seinem Grünheidener Hinterzimmer – als dieser Havemann nun auf die Schnapsidee verfiel, mal an Breschnew zu schreiben, da hat man ihn nicht diskret gestützt oder seinen Fehltritt barmherzig übersehen, sondern da hat man ihn öffentlich kräftig in die Blamage hineingetreten. Man hat seinen Brief nicht ignoriert, sondern publiziert, und weil man den Grundsatz ›gleiches Recht für alle‹ hier traditionsgemäß so interpretiert, daß sich alle blamieren dürfen, wenn nur wenigstens einer tapfer voranmarschiert – deshalb hat das ganze linke Unterschriftenkartell diesen Brief unterschrieben.
Der Brief listet zunächst all die sattsam bekannten Argumente gegen zusätzliche Atomraketen auf, deren endlose Wiederholung schon längst kein Beitrag zur Aufklärung oder zur Wahrheitsfindung mehr ist, sondern ein monotones, einschläferndes Hineinplaudern in die Resignation. Wer unentwegt die Folgen eines Atomkrieges beschreibt, der muß, um in dieser Tätigkeit einen Nutzen zu sehen, den Rest der Menschheit für prinzipiell unbelehrbar halten. Wenn die Atomraketen nur deshalb weitergebaut werden, weil es noch immer viele Leute gibt, die gar nicht wissen, was passiert, wenn die Dinger runterfallen – dann ist der Menschheit nicht zu helfen, dann hat sie den Untergang verdient. Man kann nicht Aufklärung betreiben, indem man die Voraussetzung

aller Aufklärung, nämlich die Vernunft und den Verstand der anderen, durchs Indoktrinieren von Binsenweisheiten selber dementiert. Durch ständige Wiederholung lehrt man einen Papagei das Sprechen, aber man klärt keine Menschen auf.

Ans Schreckens-Szenario, welches mittlerweile so viele Titelbilder erfolgreicher Zeitschriften schmückt, daß man sich fragen muß, ob sich die Leute vor der modisch-mediengerecht ausgemalten Apokalypse wirklich noch fürchten oder ob diese nicht viel eher fasziniert und zum Ausprobieren reizt – an dieses Schreckens-Szenario also knüpft die Forderung an, Europa solle eine atomwaffenfreie Zone werden. Nun könnte man einwenden, wenn eine Forderung schon nicht beides sein könne, dann solle sie doch wenigstens entweder richtig oder realistisch sein, aber nicht weder noch. Es wäre richtig, die Abschaffung aller Atomwaffen auf der ganzen Welt zu fordern, und realistisch ist auch die Forderung einer atomwaffenfreien Zone in Europa nicht. So hat man um des Kompromisses willen auf die Wahrheit verzichtet und dann doch keinen praktischen Nutzen davon erzielt – seit hundert Jahren schon, nebenbei bemerkt, das Erfolgsrezept sozialdemokratischer Realpolitik. Aus dieser behelfsmäßigen Forderung, die weder radikal richtig noch realistisch ist, schält sich dann aber, wie wenn es da eine logische Verknüpfung gäbe, wie wenn die alliierten Streitkräfte ihre Atomwaffen nicht abgeben und trotzdem in Deutschland bleiben könnten, im Kern ein ganz anderer Wunsch heraus. Havemann fordert, »die Friedensverträge zu schließen und alle Besatzungstruppen aus beiden Teilen Deutschlands abzuziehen«, und er fährt fort: »Wie wir Deutsche unsere nationale Frage dann lösen werden, muß man uns schon selbst überlassen, und niemand soll sich davor mehr fürchten als vor dem Atomkrieg«.

Wirklich nicht? Hellau, Herr Albertz. Viel Spaß, Herr Biermann. Gute Reise, Frau von Trotta. Wenn die Deutschen mal wieder meinen, eine nationale Frage zu besitzen, und wenn man sie bei der Lösung dieser Frage allein läßt, dann hat das linke Unterschriftenkartell in der Tat nicht mehr den Atomkrieg zu fürchten, dann werden die Unterzeichner bestimmt keinen Atomkrieg erleben, dann gehen sie nämlich vorher ein. Wenn man in Deutschland die nationale Frage erfand, um sie lösen zu können, kam immer eine Endlösung heraus und, als Nebenprodukt gewissermaßen, die Aufteilung der Welt in zwei atomar gerüstete Blöcke. Schon vergessen?

Gegen Ende des Briefes heißt es: »Wir sind überzeugt, daß keine westdeutsche Regierung weiterhin auf die Stationierung der neuen Nuklearwaffen der USA beharren kann, wenn ...« Vor einem

Jahr noch hat dasselbe Unterschriftenkartell vor Strauß gewarnt und den offenen Faschismus befürchtet, und nun gibt derselbe Personenkreis, der offenbar seine Prominenz mit realer Macht verwechselt, Garantieerklärungen für *jede* Bundesregierung ab. Um diesen Schwindel zu glauben, müßte Breschnew nicht nur noch dümmer sein, als es die Machthaber aller Länder wahrscheinlich ohnehin sind, sondern obendrein auch noch dümmer als die westdeutsche Linke. Und weil dies schlechterdings unmöglich ist, können wir uns einen zweiten offenen Brief, eine Warnung vor dem ersten nämlich, getrost ersparen.

Deutsche Friedensmahner, polnischer Widerstand
Der Untertan und seine Angst vor der Freiheit

Kein Grund, nachträglich in der Erinnerung die Vergangenheit zu vergolden. Der Antikommunismus als Antisemitismusersatz, die Kommunistenhatz im Geist der Judenverfolgung, der Kalte Krieg mit der Frontstadt Berlin als Chance, die Schlappe von Stalingrad wieder auszubügeln – die politischen Triebkräfte der 50er und frühen 60er Jahre waren schlimm. Um wieviel schlimmer aber müssen dann Zeiten sein, wo man allen Grund hat, sich nach diesen finsteren politischen Triebkräften zurückzusehnen.

In Polen wurden Hunderte vom Militär erschlagen und erschossen, Zehntausende wurden festgenommen, abtransportiert und in Lager gesteckt, wo sie bei 20 Grad Kälte Außentemperatur in Zelten entweder qualvoll dahinvegetieren oder schon erfroren sind. Die Medien, im Umgang mit Quellenangaben sonst nicht so zimperlich, betonen, daß es sich um unbestätigte Meldungen handelt. Um einen Mord zu beweisen, muß man, wie jeder Krimileser weiß, erst die Leiche finden. Als man die Leichenberge in Bergen-Belsen fand, war das zu spät, um den Opfern noch helfen zu können. Es gibt in diesem Jahrhundert – nach Auschwitz, nach dem Archipel Gulag, nach Kambodscha und Uganda – keinen Grund, irgendeinem Regime irgendein Verbrechen nicht zuzutrauen. Bis zum Beweis des Gegenteils sind sämtliche Schreckensnachrichten aus Polen keine Gerüchte, sondern wahr. Wenn ein Regime in Verdacht gerät, dann liegt die Beweislast beim Angeklagten.

Im Ostblockstaat Polen haben die Machthaber ihre zivile Verkleidung abgelegt. Dann hat das Militär systematisch verhaftet, geschossen, deportiert. Nun, da es den antikommunistischen Mob, der, von revanchistischen Einpeitschern aufgehetzt, unter den wohlwollenden Blicken einer widerwillig diensttuenden Polizei die sowjetische Botschaft belagert – nun, da es diese historische Figur nicht mehr gibt, nun wissen wir erst, was wir an ihr verloren haben. Gewiß war der kommunistenfresserische Drang, den Brüdern und Schwestern hinter dem Eisernen Vorhang die Freiheit zu bringen und Ulbricht an der nächsten Laterne aufzuhängen, ein Abkömmling alter Verfolgungswünsche und kein Kind politischer

Einsicht. Gewiß war der westdeutsche Eifer, die Tyrannen im Ostblock niederzuzwingen, gespeist vom Wunsch, nun mit dem neuen Verbündeten den Rußlandfeldzug am Ende doch noch zu gewinnen. Gewiß war der Freiheitskampf generell nur der Kosename für die westliche Variante des Kampfes um die Weltherrschaft, um welche die Blöcke stritten. Doch war die ideologische Überhöhung der westlichen Machtpolitik, die Idee, die Freiheit gegen kommunistische Sklaverei zu verteidigen, nur einäugig, aber nicht blind. Das Pathos des freien Westens hat gerade jene geprägt, die später im Westen als Kommunisten und Terroristen verfolgt wurden, weil sie sich entschlossen hatten, die Propagandaphrase beim Wort zu nehmen. Von seiner Emphase und Intensität hat noch der Protest gegen den Vietnamkrieg gezehrt. Sein Reflexionsvermögen, seine analytische Schärfe und seine intellektuelle Integrität hat dieser Protest zwar Autoren zu danken, für welche hier stellvertretend die populär gewordenen Namen Adorno, Anders, Horkheimer, Marcuse stehen. Eine Ära aber, in der Idole wie John Foster Dulles, Dwight D. Eisenhower, John F. Kennedy und sogar Konrad Adenauer den Ton angaben, hat jenes moralische und intellektuelle Potential, welches Adorno lesen, vom Vietnamkrieg hören und dann tätlich werden konnte, bereits vorgeformt und vorbereitet.

Mit dem moralischen Verdikt über die Sklaverei der Bosse im Kreml und ihrer Spießgesellen und Marionetten anderswo erhoben die kalten Krieger im Westen den Anspruch, daß die politische Macht keine bloß herrschaftstechnische Angelegenheit sei, sondern sich auch moralisch legitimieren können müsse. Sowjetische Panzer, die 1953 in Ost-Berlin und 1956 in Ungarn Arbeiteraufstände niederwalzten, gaben den Machthabern im Westen Grund zu der Illusion, sich selbst nicht für Machthaber, sondern für Freiheitskämpfer zu halten. In der populären Rolle des Freiheitskämpfers vergaßen sie, daß sie nicht unversöhnliche Feinde, sondern nur Konkurrenten und Rivalen, also Kollegen ihrer politischen Gegner im Ostblock waren. So schärften sie, indem sie selbstvergessen die Unterdrückung im Ostblock anprangerten, den Blick für die Ausbeutung, Unterdrückung und tägliche Entmündigung im eigenen Land. Im guten Glauben, den Gegner zu verpetzen, plauderten sie ihr eigenes Berufsgeheimnis aus. Die Selbsttäuschung, der sie in der Begeisterung erlagen; der Leichtsinn und die Generosität, von der berechtigten Empörung über die politischen Verbrechen im Ostblock mitgerissen gleich die ganze Zunft der Machthaber zu verpfeifen, ohne an die Folgen zu denken – dies machte die historische Größe der kalten Krieger aus. Im propagandisch organisierten Haß auf die sowjetischen Unter-

drücker konnte sich im Westen temporär eine Ahnung davon entwickeln, was Freiheit wäre. Es war eine Ahnung, die später, im Protest gegen den amerikanischen Krieg in Vietnam, zur Gewißheit wurde.
Die historische Größe der kalten Krieger, ihre Selbstvergessenheit und Generosität, besitzen die gesichtslosen Angestellten, die heute in Deutschland am Ruder sind, nicht. Mögen Schmidt und Honecker auch verschiedene politische Ansichten haben und vielleicht nicht einmal dies, so wissen doch beide: Es sind nicht die oft gewechselten politischen Ansichten, die im Leben eines Politikers wirklich zählen, sondern was wirklich zählt, ist die durchgehaltene Kunst, an die Macht zu kommen und dort zu bleiben. Von einem professionellen Kommunisten in der Tradition des Hitler-Stalin-Pakts abgesehen – die Ostpolitik der Bundesregierung ist längst nicht so neu, wie man denkt –, weiß dies kein Mensch besser als ein führender deutscher Sozialdemokrat. Seine Karriere hat gewöhnlich bei den Jungsozialisten oder im SDS begonnen, Waffenlieferungen an die chilenische Militärjunta oder vergleichbare Taten haben sie später gekrönt. Seine Partei hat um der Macht und des Erfolges willen nacheinander sämtliche moralischen Grundsätze und politischen Prinzipien verraten, die ihr jemals in die Hände fielen. Er hat in seiner Laufbahn, die sein Leben ist, lernen müssen, daß etwa der vehemente Protest gegen die Wiederbewaffnung kein Grund sein darf, später keine öffentlichen Rekrutengelöbnisse zu feiern.
Verglichen mit ihm ist jeder CDU-Politiker, der – wenn schon, dann offen – mit südamerikanischen Militärdiktaturen paktiert und der es nicht nötig hat, sein Plädoyer für die Aufrüstung in pazifistische Formeln zu kleiden, ein Monument der Geradlinigkeit, der Aufrichtigkeit und der Sittlichkeit. Nicht Brandt, sondern Kohl hat gefordert, daß eine Kommission vom Internationalen Roten Kreuz unverzüglich die Haftbedingungen in Polen überprüfen müsse. Dies war die einzige vernünftige Bemerkung zur Schreckensherrschaft in Polen, die aus dem Mund eines westdeutschen Politikers oder Gewerkschaftsfunktionärs kam.
Nach Schleyers Tod sah man die regierenden Sozialdemokraten gramgebeugt, von Tränenströmen durchweicht und voller Wehgeschrei ihre Stilblüten zu Kränzen winden: Abscheu, Entsetzen, Empörung, Betroffenheit. Das ungerührte, kalte Schweigen derselben Sozialdemokraten – und vieler Linker – nun, da nicht ein BDI-Präsident, sondern viele streikende Arbeiter erschossen werden, ist nur die Kehrseite jener Reaktion. Die Naivität, die einen Politiker für Augenblicke sein Berufsgeheimnis vergessen läßt, darf man von Leuten erwarten, die mit der Welt und ihrer

eigenen Rolle darin prinzipiell immer im reinen waren; nicht aber von Sozialrebellen, die einmal gegen die Polizei, die Gefängnisse, die Justiz und das Militär angetreten waren und die nun als Renegaten selber Gefängnisaufseher, Justizminister, Polizeipräsidenten und Generäle geworden sind. Was die Sozialdemokraten, die Kommunisten und viele altgewordene Neulinke eint und was sie zu unversöhnlichen Feinden nicht nur des Linksradikalismus, sondern aller radikaldemokratischen Freiheitsbewegungen macht, ist ihre verdrängte und verratene bessere Vergangenheit. Aufkeimende Empörung über das Unrecht auf der Welt sofort hinunterzuschlucken, ist für sie – im Gegensatz zu den Konservativen, die solche Empörung nur selten empfinden, also schlecht mit ihr umgehen können und deshalb manchmal von ihr überwältigt werden – reine Routine. In der verdrängten, krampfhaft niedergehaltenen Empörung besitzen sie dann ein Meßinstrument, welches auf jede Regung eines rebellischen Freiheitswillens so empfindlich reagiert wie die Operationsnarbe oder der längst verheilte Knochenbruch auf ein heranziehendes Gewitter. Zusammen mit dem äußeren, realen Unruheherd müssen Sozialdemokraten und Kommunisten auch das Verdrängte, woran dieser Unruheherd erinnert, mit welchem er sich verbünden und welches er reaktivieren könnte, niederkämpfen. Von den Verdrängungsleistungen eines durchtrainierten sozialdemokratischen Gemüts und ihren verfolgungswahnsinnigen Begleiterscheinungen profitiert umgekehrt die Effizienz im realen politischen Kampf. Sieht man von faschistischen Militärdiktaturen ab, so ließ sich die deutsche Sozialdemokratie in der paranoiden Energie – und im Erfolg – ihres Kreuzzuges gegen den Terrorismus und den Linksradikalismus nur vom Ostblock übertreffen. Einer alten kommunistischen Regel zufolge muß man den Sicherheitsapparat nach dem Umsturz mit unsicheren Kantonisten besetzen, die ihre Zuverlässigkeit erst beweisen müssen und sich keine Nachsicht leisten dürfen. Die Angst vor der eigenen Unsicherheit und der eigenen Vergangenheit ließ die Sozialdemokraten zu den erfolgreichsten Terroristenjägern werden, dieselbe Angst hat sie gegen die Nachrichten aus Polen so hart gemacht. Es sind dieselben Sozialdemokraten, über die Max Horkheimer in den 50er Jahren schrieb: »Die Angst der deutschen Sozialdemokratie, bewußt und unbewußt, durchherrscht ihre tapfere Geschichte von jenem Bebel an, der den Schießprügel auf die Schultern nehmen wollte, über den Bewilliger der Kriegskredite für unseren Kaiser, über den Organisator der weißen Heeresverbände, Noske, dem noch die SA zu Dank verpflichtet war, über den Minister Braun, der die Polizei des demokratischen Staates, wenn auch schweren Herzens, gegen

die Handlanger der Braunen einzusetzen sich versagte, über Severing, den Gesetzestreuen, den Mahner der zum Schutz der Republik bereiten Arbeiter, daß sie nicht versuchten, das Hitlerreich gewaltsam abzuwenden, als es noch Zeit war, von all jenen sittenstrengen und gewissenhaften Kleinbeamten bis zu ihrem Inbegriff, Herrn Ollenhauer. Ein Produkt der Angst vor dem Gedanken, der den Dingen an die Wurzel gehen könnte, ließ dieser Vorsitzende der Opposition, um seinen Wählern nahe zu sein, sich vom eigenen Parteiapparat bestätigen, daß sein Gesicht nicht vom Intellekt durchfurcht sei, und das gilt für seine Politik.«
In dieser glorreichen Tradition steht die Reaktion der deutschen Sozialdemokratie und des Deutschen Gewerkschaftsbundes auf die Schreckensherrschaft in Polen. Der DGB-Chef Vetter, der Mann mit der Leichenbittermiene und dem Magengeschwür im Gesicht, trat vor die Fernsehkameras, um für ein Päckchen nach drüben zu bitten, für die Familien, versteht sich. Er sprach von Solidarität mit dem notleidenden Volk. Von Solidarität mit den Opfern des Gewaltregimes, die tot waren oder in Konzentrationslagern saßen, sprach er nicht. Personen seiner Generation sind daran gewöhnt, daß man Liebesgabenpakete an die Front verschickt und fleißig fürs Winterhilfswerk sammelt, während die Nachbarn auf Nimmerwiedersehen im KZ verschwinden. Mag sein, daß Vetter, als er schwieg, dabei auch an die Polenkredite der Bank für Gemeinwirtschaft dachte. Den wahren Grund aber, warum die französischen Arbeiter in einen einstündigen Generalstreik traten, aus Protest gegen das Militärregime und aus Solidarität mit seinen Gegnern und Opfern, und warum der DGB statt dessen um Almosen für die notleidende Bevölkerung warb, also für die Geduckten, für die Stillen, für die noch einmal Davongekommenen im Lande, die nicht als Oppositionelle, Gewerkschaftsmitglieder, Bürgerrechtler oder Streikende aufgefallen und in Lager deportiert worden waren, wo sie kein Päckchen erreicht – den wahren Grund für diese eigenwillige Form der Nächstenliebe, die Verfolgten und Gefangenen ungerührt ihrem Schicksal zu überlassen, um dann den trauernden Hinterbliebenen kleine Päckchen zu schicken – den wahren Grund dafür darf man nicht in berechnender Rücksichtnahme und schnöden Nützlichkeitserwägungen suchen, sondern man wird ihn nur ganz tief im Gemüt der großherzigen Spender finden. Eine ganze müde halbe Million hat sich der reiche DGB als Startkapital für seine Spendenaktion aus den Rippen geschnitten. Das heißt, in Zucker umgerechnet auf die polnische Bevölkerung, daß sich hundert Personen ein Kilo teilen dürfen. Also den Teelöffel nicht vergessen, wenn der DGB die Armen speist. Wer einen Suppenlöffel

mitbringt, wird disqualifiziert. Wenn ein Geschenk keine Beleidigung sein soll, dann muß proportional zur materiellen Nutzlosigkeit der immaterielle oder ideelle Wert desselben steigen. Es wäre unverschämt, Zucker teelöffelweise zu verschenken, es sei denn, der Teelöffel Zucker besäße einen tiefen Symbolgehalt. Die Not der Bevölkerung hat der DGB nicht gelindert, aber er hat ihr sein Herz geschenkt. Es gehört den Bescheidenen im Land, die so sind wie er, der seinen letzten politischen Streik, als es nicht um das 624-Mark-Gesetz, den Mutterschutz oder den Stundenlohn ging, vor nunmehr 30 Jahren hatte. Der mutigen polnischen Gewerkschaftsbewegung, die mit politischen Streiks für die bürgerlichen Freiheitsrechte stritt, kann ein engstirniger, autokratischer Interessenverband wie der DGB nur mit Mißtrauen, mit Mißgunst und mit Neid begegnen. Man gönnt anderen nur die Freiheiten und Rechte, die man sich auch selber nimmt. Darum sind die Franzosen auf die Straße gegangen, darum sind die Deutschen zu Hause geblieben.

Die Sozialdemokraten hatten weitere Gründe. Um sie zu verstehen, ist es notwendig, in der Geschichte ein wenig zurückzugreifen. Kurz vor dem sowjetischen Überfall auf die Tschechoslowakei 1968 schrieb der *Nationaldemokratische Pressedienst*: »Wir können eine Weltmacht wie die UdSSR natürlich nicht dadurch verhandlungsbereit stimmen, daß wir den Versuch machen, den strategisch-politischen Bogen – den die Russen über Polen, die Zonenrepublik und die Tschechoslowakei gespannt haben – zu sprengen durch die Unterstützung tschechischer Emanzipationsbestrebungen, die weitgehend auf Illusionen beruhen. Möglich allein ist es, daß wir den Russen die Gewißheit verschaffen, daß aus einem mitteleuropäischen Raum – aus dem sie abziehen – niemals Kräfte aufsteigen werden, die sich in einem möglichen Moment der Schwäche gegen die Sowjetunion wenden.« In seinem erst jetzt aktuell gewordenen Aufsatz »Schriftsteller und Politik«, veröffentlicht im Berliner *kuckuck,* Nr. 7/1975, hat Horst Lummert diesen und ähnliche weitere Funde zitiert. Mag sein, daß das nationaldemokratische Kalkül, der Sowjetunion die Wiedervereinigung abzuschwatzen mit dem Versprechen, man werde dann helfen, die Polen und die Tschechen kleinzuhalten – eine Reprise des Hitler-Stalin-Pakts –, noch nie sehr weit vom Kern sozialdemokratischer Ost-, Deutschland-, Entspannungs- und Friedenspolitik entfernt gewesen war. Nun jedenfalls ist die sozialdemokratische Friedens- und Ostpolitik diesem nationaldemokratischen Kalkül so nahe gerückt, daß man beide kaum unterscheiden kann. Der *Vorwärts* ist eine sozialdemokratische Wochenzeitung, die 2,50 Mark kostet und damit sehr preiswert ist, weil sie –

zumindest ihre Weihnachtsausgabe vom 24. 12. 81 – ein Brechmittel ist, welches gut 20 Liter Milch ersetzt und deshalb in jede Hausapotheke gehört. Auf der Titelseite dieser Ausgabe haben der Herausgeber Egon Bahr und Peter Bender je einen Artikel über Polen plaziert. Wer wissen will, was Sozialdemokraten unter ›Helfender Teilnahme als Einwirkungsmöglichkeit‹ verstehen, soll ein Glas Schnaps trinken und dann beide Artikel auf einmal lesen. Bahrs Ausführungen zeigen zunächst, welch gemütlichen Anblick die Schreckensherrschaft in Polen bietet, wenn man sie aus der Perspektive eines sozialdemokratischen Kabinettsmitglieds betrachtet. Die Massenverhaftungen, die Mißhandlungen, die Deportationen in Konzentrationslager, die Toten sind dann für die polnische Führung ganz einfach »die letzte Chance aus eigener Kraft« oder »das äußerste Mittel des Staates im Rahmen seiner Allianz-Souveränität«. Falls diese »letzte Chance« oder dieses »äußerste Mittel« die polnische Gewerkschaftsbewegung noch immer nicht zur Räson brächte, dann – so schreibt Bahr, und er schreibt es so einfühlsam und verständnisvoll, daß er sich nicht wundern darf, wenn Strauß ihn als KGB-Agenten verdächtigt – dann also werde die Sowjetunion notgedrungen und schweren Herzens wohl intervenieren müssen. Daß russische Panzer polnische Arbeiter und Aufständische niederschießen, hält er offenbar für die selbstverständlichste Sache von der Welt, und deshalb kalkuliert er bereits die Folgen: »Die ersten, die dann wieder mit den Russen reden werden, werden die Amerikaner sein; denn die Erhaltung des Weltfriedens durch Beherrschung der interkontinentalen Raketen ist noch wichtiger als Polen . . . Es gibt auch eine Pflicht zur internationalen Solidarität des Friedens.« Man muß kein Diplomat sein, um Bahrs Garantieerklärung, daß die Sowjetunion im Falle eines Überfalls auf Polen außer einem Marathonpalaver nichts – kein Handelsembargo, keinen Wirtschaftsboykott, keine diplomatischen Sanktionen – zu befürchten hätte, als herzliche Einladung zu begreifen. Vorwegnehmendes Verständnis für den erwarteten sowjetischen Überfall auf Polen zu zeigen einerseits, andererseits unter Verweis auf das Prinzip der Nichteinmischung in die inneren Angelegenheiten anderer Staaten den politischen Protest gegen die Verbrechen der Machthaber in Polen zu verweigern – das sind zwei Seiten ein und derselben sozialdemokratischen Politik.

Nach deren Motiven und inneren Zusammenhängen ist nun zu fragen. Wenn der Deutschlandpolitiker Bahr heute der Sowjetunion dieselben Rechte einräumt wie dies 1968 die Nationaldemokraten taten, hat er dann wirklich nur die Erhaltung des Weltfriedens im Sinn, wo doch kein Mensch befürworten oder erwarten würde, daß, ganz gleich was in Polen oder anderswo geschieht, die Interkontinentalraketen starten? Oder ist die Absichtserklärung, die polnische Befreiungsbewegung dem angeblich durch sie gefährdeten Weltfrieden zu opfern, als Angebot zu verstehen, Deutsche und Russen sollten sich noch mal an den Verhandlungstisch setzen, um in aller Ruhe über die Neuaufteilung Europas zu sprechen? Daß die sozialdemokratische Ost- und Entspannungspolitik vor allem als Arrangement der Machthaber untereinander auf Kosten ihrer inneren Feinde begriffen werden mußte, war klar, als der Radikalenerlaß die Diskriminierung von Kommunisten systematisierte, als Ernest Mandel Einreiseverbot bekam, während gleichzeitig Brandt und Breschnew, wenn sie einander besuchten, stets aussahen wie frisch verlobt. Zählen auch Polen und die Tschechoslowakei zu den einkalkulierten Opfern? Im Bonner Jargon fiel in letzter Zeit die ›vertrauensbildende Maßnahme‹ auf. Hat diese gräßliche Formel nun mit Bahrs Wink, ein starkes Deutschland werde die Interessen des sowjetischen Despotismus in Polen stets respektieren und gegen Scharfmacher im Westen schützen, den ihr entsprechenden Inhalt gefunden? Und ist die vor allem in der ausländischen Presse mit Staunen vermerkte Zurückhaltung der Friedensbewegung, ihr Schweigen zu den Vorgängen in Polen, vielleicht nicht nur einer verständlichen Lustlosigkeit und Übermüdung geschuldet, sondern hat sie einen tieferen, verborgenen politischen Grund? Wenn Bahr den Frieden als Altar benutzt, auf dem man die polnische Freiheitsbewegung opfern darf, damit sich die Hegemonialmächte Deutschland und Rußland versöhnen, hat dann vielleicht auch die Friedensbewegung, ohne daß sie es recht weiß, ähnliche Pläne? Und muß der in der Friedensbewegung wiedererwachende Nationalismus nicht zwangsläufig zu jenem Weg der Verständigung mit dem sowjetischen Despotismus führen, auf dem sich schon so verschiedene politische Kräfte wie die Nationaldemokraten und die Sozialdemokraten getroffen haben? Heißt Frieden dann, auf eine Formel gebracht: daß sich die Starken und die Mächtigen, die den Frieden mit Gewalt erzwingen können, auf Kosten freiheitsliebender Quertreiber, Rebellen, Separatisten und anderer Friedensstörer untereinander einigen? Heißt Frieden, daß sich keine Befreiungsbewegung mehr mucksen darf, weil sonst die USA und die Sowjetunion einander mit Interkontinentalraketen beschmeißen? Ist Frieden dann nur ein anderer Name für globale Todesstarre? Die Friedensbewegung sollte eine Antwort geben.

Endstation
Über die Wiedergeburt der Nation

Hinter der Fassade. – Daß die Demokratie or whatever you may call it in Deutschland keine Tradition hat als verlorene Kriege und re-education, erzählen die Deutschen selber. Hinter dieser Beschönigung ihrer Rancune gegen die droits de l'homme aber steht die Bereitschaft, in jenen fanatischen Patriotismus auszubrechen, der sich vor dem anderer Völker dadurch auszeichnet, daß er keine Idee hat, daß er in bloßer kollektiver Barbarei besteht. Nichts von Liebe ist darin, das beweist allein schon der offenkundig zum schamlosen Kitsch herabgesunkene Heimatrummel von landsmannschaftlichen pressure groups und Edelweißromanen. Nichts ist wahr als Machtgier und Aggression. Wie sollte denn ein Volk Selbstbewußtsein aufbringen, das in der jetzt lebendigen Generation auf Befehl eines zugleich schlauen und wahnsinnigen Demagogen zwölf Jahre lang den Mord als Handwerk übte, das die Nachbarn überfiel und die Welt unterjochen wollte, ein Volk, das nach der Niederlage sogleich die Feinde, weil sie jetzt die Herren waren, als Befreier begrüßte, nach dem ersten Schrecken jedoch den Haß gegen die Befreier entdeckte und mit jedem Tag, an dem es ihm aufgrund der fremden Hilfe besser geht, sich zu neuen Taten rüstet. Nirgendwo in zivilisierten Ländern ist so wenig Grund zum Patriotismus wie in Deutschland, und nirgendwo wird von den Bürgern weniger Kritik am Patriotismus geübt als hier, wo er das Schlimmste vollbracht hat. Berlin, die Wiedervereinigung, die Gebiete jenseits der Oder des zu Recht besiegten Deutschlands werden zu Stimulantien der neuen patriotischen Gesinnung, die von einem unheimlichen Willen gegen inneren, ja gegen äußeren Widerspruch sich ausbreitet. Unansprechbar, weil unreflektiert und von keinem vernünftigen Grund gestützt, vom Westen schlau die Reputation erborgend, man sei ein liberales Volk, man teile die politische Geschichte mit der freien Welt, schickt man sich an, der Freiheit den nächsten Streich zu spielen. Die Kotaus vor den Widerstandskämpfern, die offiziellen Absagen an den Antisemitismus, von den Synagogenbesuchen der Bürgermeister bis zum Schweigen bei Anne Frank, all dieses bereits kleinlaut und formell gewordene Schuldgetue hat bloß die Funktion, sich zum rechten Patriotismus wieder das gute Gewissen zu machen, sofern es nicht bloße Reklame für amerikanische Foundations ist. *Der Patriotismus in Deutschland ist so furchtbar, weil er so grundlos ist.*

Horkheimer 1959
(Notizen, S. 105 f.)

Bekanntlich zog sich die Linke Mitte der 70er Jahre von der Straße zurück ins Kleingewerbe, in den Kräutergarten und in die Innerlichkeit. Bedrängt von äußerer Enge, schwillt einem deutschen

Menschen die Brust, es weitet sich die Seele. Nicht nur die Mohrrüben wachsen auf dem kleinen alternativen Beet, sondern dort sprießen auch die großen Gefühle. Stets hatte der deutsche Patriotismus eine klar definierbare soziale Basis: den Turnerbund, die Schrebergärtner, den Posaunenchor, die Kleintierzüchter, den Männergesangverein. Beim Hobeln, Gärtnern und Töpfern, nicht als Handwerk verstanden, sondern als Selbstfindungsprozeß, als Gruppentherapie und Gemeinschaftserlebnis, haben die Linken deshalb ihre Liebe zum Vaterland entdeckt, und unter dem liebenden Blick seiner Kleingewerbetreibenden hat sich das Land sogleich verklärt.

Die vormals als Hauptnutznießer und Juniorpartner des US-Imperialismus gescholtene Bundesrepublik wird nun als unschuldiges Opfer betrachtet, das als politischer und ökonomischer Aggressor verfemte Modell Deutschland hat sich in einen politischen Sozialfall verwandelt. Wir sind keine Teilhaber und Nutznießer neokolonialer Ausbeutung mehr, sondern selber Kolonie, wir leben in einem besetzten Land, das deutsche Volk soll in vorderster Front gewissermaßen atomar verheizt werden, während sich die Supermächte ins Fäustchen lachen, der deutsche Michel ist also wieder mal der Dumme. »Die Bundesrepublik, nicht Israel, wird jetzt der am meisten bedrohte Staat der Erde«, schrieb Rudolf Augstein im *Spiegel.* Das Ausscheidungsverfahren kann nicht sonderlich objektiv gewesen sein, denn weit eher als die Bundesrepublik oder Israel verdienten Uganda, Kambodscha oder El Salvador den Pokal. Weil außerdem der Unterschied zwischen am meisten bedrohten und nur bedrohten Staaten sich im Atomkrieg auf die praktisch bedeutungslose Differenz zwischen fünfmaliger und zehnmaliger Vernichtung einer Bevölkerung reduziert, die real nur einmal sterben kann, wäre Augsteins Behauptung selbst dann, wenn sie sachlich etwas richtiger wäre, von geringem analytischen Wert. So ist sie nicht als eine Feststellung von Tatsachen zu begreifen, sondern als Symptom, als Indikator für die Stimmungslage der Nation. Schon Monate vor Augsteins *Spiegel*-Kolumne hatte nach einem Wochenende, welches zusätzlich zu den üblichen Verkehrsopfern einige zerbrochene Schaufensterscheiben gefordert hatte, die *Bild*-Schlagzeile am 4. Februar 1981 bekümmert gefragt: »Zerschlagen sie jetzt unser ganzes Land?« Gemeint waren natürlich nicht die Supermächte, sondern militante Demonstranten. Zur bangen Ahnung verdichtete sich hier eine nationale Mutlosigkeit, die sich auf harte Fakten stützen konnte. »1,3 Millionen arbeitslos« und »D-Mark stürzt in den Keller« waren die Schlagzeilen der *Frankfurter Rundschau* vom selben Tag. Entsprechend der Jahreszeit, wurde die emotionale und ökonomische Depression vom meteorologischen Tief überlagert, aus Hamburg meldete *Bild* einen Orkan. Zahlungsbilanzdefizit, Staatsverschuldung und Arbeitslosenziffer bei anhaltend stürmischer Aufwärtsentwicklung bereits in Gipfelhöhe, die Konjunktur in der Talsohle und die Mark im Keller, der Kanzler beleidigt, die Regierung zerstritten: Wo der Mann sonst rot sieht, sah er diesmal schwarz.

Noch düsterer, dabei aber auch aufregender und tröstlicher zugleich waren die Befürchtungen der Linken. Zehn Jahre lang hatte die in tausend Müsli- und Knäckebrotsekten zerfallende Bewegung das Pulverfaß im Keller glatt vergessen und bienenfleißig ein alternatives Aufbauprojekt aufs andere gemauert. Nun schlug plötzlich die Vergegenwärtigung der Tatsache, daß man im Atomzeitalter lebt, wie eine Bombe ein. Verglichen mit Wirtschaftskrisen und politischen Repressalien nämlich besitzt der Weltuntergang den Vorzug, daß niemand, der ihn noch fürchten kann, real unter ihm leidet. Solange man vom Atomkrieg spricht, ist er noch nicht da – das unterscheidet ihn von allen anderen Phänomenen, gegen welche die Linke sonst protestiert. Vielleicht auch deshalb feierte die Empörung über die atomare Bedrohung der Menschheit ihr sensationelles Comeback gerade in einer Zeit, in welcher die wirtschaftliche Entwicklung und die Maßnahmen der Regierung allein schon Grund genug wären zum politischen Protest, zum Protest gegen eine verdrehte Wirtschaftsordnung zum Beispiel, in der noch immer wider alle Vernunft die Menschen ihre Befreiung von der Arbeit durch automatische Maschinen nicht als Glück, sondern als Elend erfahren, als Elend, welches unter den gegebenen Voraussetzungen erfahrungsgemäß nur eine Abhilfe kennt, nämlich die Vernichtung von überschüssigen, unverkäuflichen Waren und überflüssigen Menschen in einem Krieg, nach dessen Ende dann die dezimierte Bevölkerung mit Aufräumungsarbeiten und Wiederaufbau vollbeschäftigt ist. Vielleicht war die Vergegenwärtigung der atomaren Bedrohung durch die Supermächte gerade jetzt propagandistisch und publizistisch so ungeheuer erfolgreich, weil sie eine willkommene Ablenkung von jenen ökonomischen und politischen Entwicklungen darstellt, die innenpolitisch, in der Bundesrepublik selbst, mit logischer Konsequenz zur Kriegsbereitschaft drängen oder ersatzweise zum staatlich konzessionierten Bürgerkrieg der Mehrheit gegen Minderheiten, gegen die Ausländer zum Beispiel. Denn Vollbeschäftigung als oberstes deklariertes politisches Ziel heißt nicht nur, daß alle mit hängender Zunge herumhecheln sollen, sondern schließt auch die Mittel zu ihrer Herbeiführung ein. Die einzig wirksamen sind

in den letzten 80 Jahren Dezimierung der Bevölkerung und Kapitalvernichtung gewesen.
Sozialismus oder Barbarei, Revolution oder Krieg, Bürgerkrieg oder Massenmord waren die wirklichen Alternativen in diesem Jahrhundert gewesen, und dabei scheint es geblieben zu sein. Doch nun, wo die protestbewegten Arbeiteraufwiegler nötig wären, sind sie aus den Betrieben verschwunden, sie haben sich in fanatische Friedenskämpfer verwandelt, sie streiten nicht mehr für Klassenkampf und Weltrevolution, nicht mehr für die Umwälzung aller gesellschaftlichen Verhältnisse, in denen »der Mensch ein erniedrigtes, ein geknechtetes, ein verlassenes, ein verächtliches Wesen ist« (Marx), sondern sie streiten für Frieden, Heimat, Vaterland. Sie haben den Frieden, die Heimat und die nationale Frage in genau jenem Augenblick entdeckt, wo die inzwischen vergessenen Parolen vom proletarischen Klassenkampf, wenn schon keine Anhängerschaft, so doch wenigstens eine materielle Berechtigung hätten. So blieb es ausgerechnet Ronald Reagan vorbehalten, daran zu erinnern, daß es wichtigere Dinge als den Frieden gibt. Der Nachhall ihrer eigenen großen Worte aus dem Mund eines amerikanischen Präsidenten mußte bitter in den Ohren ehemaliger Sieg-im-Volkskrieg-Rufer klingen. Nichts haßt man mehr als seine eigene bessere Vergangenheit.
Wie dem auch sei – galt jedenfalls zu Beginn des Jahres 1981 noch die Parole: mit meiner Gesundheit, mit meiner Ernährung, mit meinen Beziehungskrisen, mit meinem Kräutergarten, mit meinen Selbstfindungs- und geschlechtsspezifischen Emanzipationsproblemen und schließlich mit Brokdorf habe ich genug zu schaffen, was geht die große internationale Politik mich an – so fuhren im Herbst desselben Jahres die Dogmatiker der neuen Empfindsamkeit und Körperlichkeit, der neuen Sensibilität und Sinnlichkeit, des Hedonismus, der Unmittelbarkeit, der Zärtlichkeit und wie die Schlagworte sonst noch alle lauten mögen, gleich scharenweise nach Bonn, um dort im Rahmen einer rituellen Massenkundgebung gegen eine zwar sehr gefährliche und reale, aber für den einzelnen doch gleichzeitig auch sehr vermittelte und abstrakte Bedrohung zu demonstrieren, die man entgegen dem noch zu Jahresbeginn im Alternativmilieu gültig gewesenen Reglement »am eigenen Leibe« bestimmt nicht verspüren und erfahren konnte, ganz einfach deshalb, weil ein Atomkrieg, aber auch schon das Berühren einer Hochspannungsleitung oder ein Sprung aus dem zwölften Stockwerk zu jenen sinnlichen Erfahrungen zählt, die der Leib nicht übersteht, vor denen Intellekt und Vorstellungskraft den Körper also schützen müssen; derselbe Intellekt übrigens, der nach alternativem und frauenbewegtem Credo den

Körper angeblich nur drangsaliert und tyrannisiert und der doch in Wahrheit allein verhindert, daß die zarte, empfindliche Haut narbig und schwielig wird und am Ende gezwungen ist, zu verhornen, wie die Hände und Füße der Menschen, die fernab aller Errungenschaften der technischen Zivilisation mit Hacke und Spaten das Feld bestellen.

So wäre die Wiederentdeckung der zehn Jahre lang verpönt gewesenen Erkenntnis, daß namentlich im Atomzeitalter für den einzelnen nicht nur Bedeutung hat, was sinnlich erfahrbar in seinem Vorgarten, in seiner Gruppe oder Beziehungskiste geschieht, fast ein Beitrag zur Wiederherstellung politischer Vernunft geworden. Die Chance wurde verspielt, weil im Begeisterungstaumel über die neue Angst vor der Bombe alle Kritik und Selbstkritik an der vorangegangenen Praxis unterblieb und mit ihr die Frage, warum man die Bombe solange vergessen hatte und warum sie einem nun plötzlich wieder eingefallen war, warum man nun beim Saldieren derselben Megatonnen, Mehrfachsprengköpfe und Soforttoten, denen man vor Jahresfrist noch die kalte Schulter zeigte, nun heiße Ohren bekam. Das neue Interesse für weltpolitische Zusammenhänge blieb deshalb einer jener unvermittelten Schwenks, die in der Geschichte der bundesdeutschen Linken mittlerweile eine lange Tradition besitzen und weniger den Willen zum Widerstand erkennen lassen als vielmehr die Bereitschaft, als Trendsetter der Zeit stets ein wenig vorauszueilen. So leicht, wie man von der Innerlichkeit und der unmittelbaren Betroffenheit zum Protest gegen eine vermittelte und abstrakte Bedrohung gekommen ist, genauso leicht kommt man davon auch wieder weg. Das politische Ziel – diesmal die Abrüstung, davor die kleine, alternative heile Welt im Grünen – wäre dann zweitrangig und austauschbar und nur die Anpassungsbereitschaft beständig.

Auch wenn die Friedensbewegung nur eine Modesache wäre, deren Reiz bald verschlissen ist, schlösse das nicht aus, daß sie bleibende Spuren hinterläßt – es fragt sich nur, welche. Was eine Bewegung im Bewußtsein ihrer Anhänger subjektiv bezweckt einerseits und welche Rolle sie andererseits objektiv in der Geschichte spielt, das kann sich voneinander ganz gewaltig unterscheiden – wäre es anders, so wäre dies bereits ein Verein freier Menschen und so bräuchte man keine Gesellschaftstheorie. Vielleicht ist zwar die Abrüstungsforderung bald wieder vergessen, aber die Bewegung für heute aus dieser Forderung abgeleitete Wünsche: für ein neues Nationalbewußtsein, für Patriotismus, für mehr nationale Souveränität, für all die Dinge also, die in ihrer Eigenschaft als Trost der Arbeitslosen und Überflüssigen in der

Wirtschaftskrise erst wirklich gefährlich werden – diese Bewegung bleibt.
Dieser Verdacht läßt sich leicht erhärten, wenn man die Friedensbewegung als Verlängerung und Radikalisierung der Alternativbewegung begreift. Deren objektive Funktion war es – ganz im Gegensatz zum Bewußtsein und den besseren Absichten ihrer Anhänger –, die Bevölkerung für kommende schwere Zeiten zur Volksgemeinschaft zusammenzuschmieden und mit jenem Elan und jener Opferbereitschaft, über welche nur eine Bewegung, aber keine etablierte Partei verfügt, all jenen ideologischen Umwälzungen den Weg zu ebnen, die erforderlich sind, damit Energiemangel und Weltwirtschaftskrise nicht zum Risiko für die Herrschafts- und Eigentumsverhältnisse werden können. Die Alternativbewegung besorgte die Anpassung der Wünsche, Vorstellungen, Erwartungen und Lebensgewohnheiten an die neuen ökonomischen Fakten, damit kein unversöhnlicher Widerspruch zwischen beiden entstehe, welcher die herrschende Ordnung destabilisiert. Sie flankierte die absehbar gewordene Verarmung der Bevölkerung ideologisch, indem sie den erzwungenen Verzicht zur Weltanschauung erhob und ihn in eine Tat des freien Willens verwandelte, ganz im Sinne jenes bürgerlichen Freiheitsbegriffs, wonach die Freiheit darin besteht, aus Einsicht in die Notwendigkeit freiwillig das zu tun, was man sonst gezwungenermaßen täte. Und wenn im Alternativblatt ein Seminar »Lernen von den Armen« angeboten wurde und es im Begleittext zur Seminarankündigung hieß: »Anhand von Beispielen wird die Frage erörtert, ob nicht verschiedene Elemente einer ›Armutskultur‹ eher geeignet sind, ein Überleben in zukünftigen Krisenzeiten zu ermöglichen, anstelle des häufig strapazierten Wachstumsfetischismus und des blinden Glaubens an den technischen Fortschritt« – dann war dies nichts anderes als das weltanschaulich radikalisierte Sparprogramm, als der wahnhaft zugespitzte Maßhalteappell der Bundesregierung, als die Einstimmung und Vorbereitung auf die bereitwillige und geduldige Hinnahme von Einkommenskürzungen in der Krise.
Verzichtbereitschaft und Opferwillen hatten die Alternativen schon seit längerer Zeit gefordert und praktiziert, vermeintlich im Interesse der Natur, tatsächlich eher im Interesse der Konjunktur, aber es hatte ihnen jene Instanz gefehlt, welche in der Lage ist, für die materiellen Opfer, die sie verlangt, immateriell zu entschädigen. Bislang war die Gruppe oder Sippe der doch ziemlich kümmerliche Ersatz für das allmächtige Kollektiv gewesen, welches widerspruchslos Opfer vom ohnmächtigen einzelnen fordern darf, weil es ihn nicht nur plündert und unterdrückt, sondern ihn auch schützt, weil es ihm erlaubt, sich in seinem Glanz zu sonnen

und weil der einzelne sich als Teil des mächtigen Kollektivs so stark fühlen darf, wie schwach und abhängig gehaltene Menschen es gerne möchten. Genau diese Lücke hat nun die Friedensbewegung mit ihren deutschnationalen Untertönen geschlossen. Die Suche nach der nationalen Identität, der Wunsch nach Wiedervereinigung, der Haß gegen die Alliierten, den Linke und Rechtsradikale mit exakt den gleichen Parolen pflegen – all diese Erscheinungen resultieren natürlich nicht oder doch nur zu einem geringen Teil aus der Abrüstungsforderung, mit der sie begründet werden, sondern sie resultieren aus der Wirtschaftskrise, mit der sie kaum zufällig koinzidieren, und sie deuten an, wie und auf wessen Kosten diese Krise überwunden werden soll. Zunächst ist nationale Identität die Droge, die man braucht, wenn die Ferien im sonnigen Süden unerschwinglich werden, der Ersatz für die gewohnte stabile, harte Währung. Erst wenn man den Nationalstolz nicht mehr in der Brieftasche tragen kann, ist man gezwungen, ihn ins Herz zu verlagern. Für ein neues Heimatgefühl entsteht dann Bedarf, wenn der Urlaub auf dem Balkon oder im regenreichen Harz verbracht werden muß, wo mangels der Befriedigung physischer Bedürfnisse die metaphysischen sprießen, so wie die Heimatliebe insgesamt ein Resignationsphänomen und ein Senilitätssymptom ist, weil Kinder, die das Leben noch vor sich haben, den Bach und Hügel hinter dem Haus stets nur als minderwertigen und vorläufigen Ersatz für die fernen Schluchten, Ströme und Prärien aus den Abenteuergeschichten betrachten und weil erst im Alter der langweilige Wohnort, der dem Kind nur den Wunsch einflößen kann, beispielsweise Tierfänger in Afrika zu werden, sich zur Heimat verklärt, deshalb, weil mit wachsender Unbeweglichkeit, Schwerfälligkeit und Seßhaftigkeit infolge psychischen und körperlichen Verfalls, aber auch infolge des mit der Zeit angesammelten Gerümpels, der Zwang entsteht, sich mit den vorhandenen Lebensumständen zu arrangieren, denen zu entkommen, aus denen auszubrechen oder die radikal zu ändern, man nun alle Hoffnung verloren hat. So ist die gegenwärtig unter deutschen Linksintellektuellen weit verbreitete Neigung, gemeinsam mit Bloch im Heimatgefühl einen metaphysischen guten Kern, ein prospektives Moment zu entdecken, kein Ausdruck einer neuen Erkenntnis, sondern ein ideologischer, fast instinktiver Reflex auf die veränderten eigenen Lebensumstände, zu deren tragenden Säulen nun der Beruf, Familie und Kinder, Möbel und Bibliothek, Wohnung und Eigenheim geworden sind, Dinge also, die deshalb, weil sie auf dieser Welt nicht selbstverständlich sind, als Privilegien legitimiert und verteidigt werden wollen und folglich ihren Besitzern einen emotionalen Schutz- und Trutzbund abverlangen, nämlich das Heimatgefühl – ein Gefühl, welches als sublimierter Trieb, das als eigenes Jagdrevier beanspruchte Terrain durch Hinterlassen von Durftmarken zu okkupieren, rein logisch zwischen der berechtigten und der unberechtigten Anwesenheit auf einem Fleckchen Erde unterscheidet und namentlich von den Rechtsradikalen in diesem Sinne verstanden und benutzt worden ist, nämlich als Mittel zur Selektion und Vertreibung, zur Vertreibung derer, die in der Bundesrepublik leben, ohne hier auch beheimatet zu sein, so wie damals die Juden und die Zigeuner, deren vermeintlich ungebundenes, verantwortungsloses fröhliches Vagabundenleben den Neid und Vernichtungswillen jener auf sich zog, die ihr rückständiges, steckrübenhaftes Wurzelleben zur Heimatverbundenheit überhöhten. Freddy Quinns Schnulze »Heimatlos« und Fred Bertelmanns »Lachender Vagabund« gehören nicht nur zeitlich, sondern auch inhaltlich zusammen. Beides, die Angst vor dem Verlust des Eigenheims und der Wunsch, das ganze Gerümpel los zu werden und endlich dem gewohnten Trott zu entkommen, verbindet sich im prätentiösen Klang des Wortes Heimat zu einer stets bedrückenden Gefühlsmischung aus Niedergeschlagenheit, Verzagtheit und Sehnsucht, die jederzeit bereit ist, umzuschlagen in nackte Wut und Aggression. »Heimat«, heißt sinngemäß einer von Blochs neuerdings vielzitierten Sonntagssprüchen, »ist ein Ort, wo ich noch niemals war« – ein Satz, der wie eigens dazu geschaffen scheint, ein gepflegtes Abendessen unter arrivierten Neulinken geistig zu umrahmen wie der obligatorische Kerzenschein, ein Satz, der doch gleichermaßen von jenen Frontkämpfern hätte ohne Abstriche unterschrieben werden können, die den neueroberten Lebensraum im Osten besiedeln wollten, also heimisch werden im Sinne eines ausschließlichen Anwesenheitsrechts, inklusive des Rechts selbstverständlich, andere zu vertreiben, an einen Ort, den sie nun in der Tat vorher noch nie betreten hatten. Nicht erst bei Bloch und seinen auf erbauliche Zitate erpichten Adepten, sondern bei allen sentimentalen Unterdrückern und Vertreibern hat der Begriff Heimat also neben der retrospektiven eine prospektive Bedeutung, die man sonderbarerweise im linksintellektuellen Milieu neuerdings für fortschrittlich hält, so als wäre ein utopisches Ziel ausgerechnet die Heimat und nicht ein Zustand der Welt, wo man weder diese Sache noch das Bedürfnis nach derselben kennt, wo keine Heimat und kein schützendes Heim als Zuflucht vor verfolgungswütigen Heimatschützern benötigt werden, wo niemand ein Heimatgefühl braucht, um sich mit seinem Kleben an der Scholle, mit dem stumpfsinnigen Trott seiner geregelten Arbeit in immer demselben Kaff und mit einer verregneten Landschaft, die er nicht leiden kann, zu versöhnen, wo alle so leben können, wie man glaubte, daß jene es täten, die man zur Strafe für ihr teils reales, teils vermeintliches Glück mit Vorliebe umzubringen pflegte: wie die alten Juden, wie die Vagabunden, wie die Zigeuner.

Bekanntlich – oder doch zumindest leicht nachlesbar – sind Heimat-, Heimatkunst-, Heimatschutz- und Volksliedbewegung im letzten Jahrhundert unter der Schirmherrschaft von Gutsbesitzern, denen die Landarbeiter davonliefen, und unter tatkräftiger Förderung durch die Volksschullehrer als Reaktion auf die Landflucht entstanden – ein Zusammenhang, der nicht schwer zu begreifen ist: Erst unter dem Eindruck der Konkurrenz entwickelt sich die Reklame, erst wenn die sündige Großstadt reizt und lockt, muß man sich anstrengen, Dorf und Wiese schön zu finden und beides, obgleich man es tagaus, tagein vor der Nase hat, obendrein auch noch zu besingen, besonders dann, wenn man als Lehrer, Arzt oder Advokat nach dem Studium in einer Universitätsstadt nun in einem stickigen Provinzkaff verkümmert. Wie das Dorf erst zur Heimat wurde, als man zwar die eigene rührselig-wehmütige Sehnsucht nach dem Landleben genoß, längst nicht mehr aber dieses Landleben selber, welches vielmehr wie eine Verbannung nach Sibirien erscheinen mußte im Vergleich zu den Freuden, Genüssen, Freiheiten und Bequemlichkeiten der großen Stadt – so ist auch der neue Patriotismus kein Eingeständnis einer alten, tiefen, aber stets mannhaft verschwiegenen und nun übermächtig zur Zunge drängenden Liebe, sondern er ist ein fast instinktiver Reflex auf die neueste Krise, und so fällt das Erwachen der neuen Liebe zum Vaterland kaum zufällig mit dem Wiedererwachen des Wunsches zusammen, das Vaterland möglichst umgehend und für immer zu verlassen, mit der größten Auswanderungswelle seit den 50er Jahren. Keine Anhänglichkeit an eine bestimmte Sprache, Geschichte und Kultur, auf die man nur unter Schmerzen verzichten könnte, versucht, im neuen Patriotismus einen politischen Ausdruck zu finden, sondern in der Wirtschaftskrise und in einer Welt, wo einige hundert Millionen Satte von einigen Milliarden Hungrigen umlungert werden, konstituiert sich die Nation als Gemeinschaft von Privilegierten, die außer dem gemeinsamen Willen, nichts mit Dritten zu teilen, herzlich wenig eint, die eine gemeinsame Kultur nicht besitzt, sondern nur beschwört, als Vorwand für die barbarische Klage über kulturelle Überfremdung.

So verrückt, wie der Zustand der Menschheit insgesamt ist, so verrückt sind die Kollektive, welche die Menschheit aus sich heraus naturwüchsig produziert. Nicht weil sie den Geschmack

ihrer angeblichen Urahnen geerbt haben, sondern um sich von den heutigen Hungerleidern abzugrenzen, werden die Deutschen demnächst vielleicht wieder anfangen, Met zu trinken.
Zwar ist die nationale Identität besonders für jene ein unverzichtbarer Trost, die außer ihrer Nationalität nichts, weder Rang noch Titel, Einkommen, Luxus, Vermögen besitzen, das Nationalgefühl ist das kostenlose Vergnügen derer, die sich anspruchsvollere Freuden nicht leisten können. Darüber hinaus aber steht nationale Identität als Forderung in der Wirtschaftskrise für ein bestimmtes wirtschaftspolitisches Programm, früher für Schutzzollpolitik, Protektionismus und Eroberung von Kolonien, heute vielleicht für Maßnahmen, welche die *Bild*-Zeitung vom 26. 11. 81, Ausgabe Hannover, in ihrer Balkenschlagzeile folgendermaßen angekündigt hat: »KANZLER IN SORGE: / ZU VIELE AUSLÄNDER BEI UNS / ›Wenn das so weitergeht, gibt's Mord und Totschlag‹.« So schmiedet die Friedensbewegung, wenn sie, vermeintlich im Interesse der Abrüstung, Begriffe wie Heimat, Patriotismus, Nation rehabilitiert, in Wahrheit die ideologischen Waffen, derer die verhärteten Kollektive bedürfen, um im verblendeten Eifer, nur wenigstens die eigene Haut zu retten, den Untergang aller zu beschleunigen.
Doch nicht nur die Begleiterscheinungen der Friedensbewegung, sondern auch ihr zentrales Ziel und vor allem dessen Biederkeit und penetrante Redlichkeit geben Anlaß zu Argwohn. Man will nur und in allererster Linie Frieden, angeblich ist die Jugend von einer richtigen Friedenssehnsucht befallen – und das ohne Krieg. Nun ist es zwar möglich, daß man sich mit dem Status quo aussöhnen und abfinden kann. Daß man sich nach dem, was man schon hat, aber auch noch leidenschaftlich sehnt, widerspricht aller Psychologie und Lebenserfahrung. Natürlich will niemand, daß ihm zu allem Überfluß auch noch eine Atombombe auf den Kopf falle, oder will man es doch? Aber kann man sich denn für den Wunsch, daß einem nur nicht zusätzlich auch noch eine Atombombe auf den Kopf falle, unter Bedingungen wirklich begeistern, die nicht erst vom Atomkrieg gekrönt und vollendet werden müssen, um als abscheulich und unerträglich empfunden zu werden? Warum wächst die Angst vor dem Weltuntergang in demselben Maße wie die objektiven Gründe dafür, einen Weltuntergang herbeizusehnen, in dem Maße also, wie folgende Spekulation durch Fakten erhärtet wird: Die Menschheit kann sich durch einen Atomkrieg nur verbessern, denn der Mensch, der nicht aufhört, immer mehr Menschen zu quälen, zu foltern und verhungern zu lassen, ist als Gattung eine naturgeschichtliche Fehlkonstruktion, ein Monstrum, und keine Revolution, sondern nur eine

gründliche Mutation würde ihn vor sich selbst und die Welt vor ihm retten. Und gegen welchen Widerstand werden Friedenswille und Friedenssehnsucht so ostentativ behauptet, wo man doch weit und breit keinen Menschen mehr findet, der offen – und sei es auch nur gegenüber sich selber – erklärt, er wolle den Krieg? Gegen wen kämpft man mit Vokabeln, die keinen Widerspruch erregen können, eigentlich an? Gibt es da einen unsichtbaren schweigenden Gegner, und wo steckt er? Vielleicht auch im Kopf der Leute, die nicht müde werden, Selbstverständlichkeiten zu betonen? Hat sich in der jüngeren Geschichte hinter der Ankündigung, man wolle Frieden schaffen, nicht stets die Drohung verborgen, daß man nun mit den Friedensstörern, Unruhestiftern und Spielverderbern abrechnen werde? Und wurde in diesem Jahrhundert ein Krieg begonnen, eine neue Waffe gebaut, eine Atombombe abgeworfen mit einer anderen erklärten Begründung als der, man wolle den Frieden? Ist es ein Zufall, daß die Ostermarschierer der 50er Jahre vorrangig gegen Atomwaffen waren, während man heute vorrangig für den Frieden ist? Oder ist die Verschiebung der Priorität von der bestimmten Negation – keine Atomwaffen – hin zum vagen Positiven – für den Frieden, was immer das heißen mag – ein Indiz, welches interpretiert werden muß, ein Indiz möglicherweise für die gleiche expansive, schwer berechenbare Dynamik, die in der freudlosen, allzu schlichten Arbeitsdienst- und Aufbauparole »Frieden schaffen ohne Waffen« steckt? Ist nämlich, weiter gefragt, der Frieden in der Tat so, wie Friedensbewegte und Berufspolitiker meinen, denkbar als Produkt deutscher Wertarbeit, geleistet von allzeit einsatzbereiten Friedenskämpfern rund um die Uhr auf Friedensdemonstrationen, Friedenskundgebungen und Friedensmärschen, in Friedensdiskussionen und Friedensseminaren, oder ist Frieden ein Zustand, der eintritt, wenn die Menschen einmal aufhören werden, sich die Ärmel hochzukrempeln, um zuzupacken, zuzuschlagen, anzuschaffen?[1] Und kündet die Botschaft des Aufnähers »Schwerter zu Pflugscharen« von einer paradiesischen Welt – in Deutschland, wo die Parole »Arbeit macht frei« die Tore der Konzentrationslager schmückte, wo bei den Nürnberger Reichsparteitagen die Deutsche Arbeitsfront mit geschultertem Spaten am Führer vorbeiparadierte? Und wenn schließlich Hermann L. Gremliza (*Konkret* 5/82) nichts Besseres einfällt, als mit der noch dümmeren Forderung »Kreuze zu Pflugscharen« gegen die dumme Forderung »Schwerter zu Pflugscharen« zu polemisieren – wohin dann um Himmels willen mit den zahllosen Erdbewegungsgeräten? Was plant die Friedensbewegung? Was will sie ausbuddeln, wen will sie verscharren? Was kommt heraus, wenn man das Gewehr ablegt und zu Schaufel und

Hacke greift? In der Vergangenheit waren es Bunker, Wälle, Schützengräben, Massengräber.

Daß die Rolle, welche eine Bewegung objektiv in der Geschichte spielt, von den subjektiv beabsichtigten Zwecken ihrer Anhänger oft sehr verschieden ist, wurde erwähnt. Zu fragen aber wäre nun weiter, was diese Bewegung für den Gemütshaushalt ihrer Mitglieder bedeutet. Natürlich ist es vernünftig, Abrüstung zu fordern, aber daß eine Forderung berechtigt und vernünftig ist, ist erfahrungsgemäß noch kein hinreichender Grund, sich für sie auch zu begeistern. Der silogelagerte Weltuntergang wartet abrufbereit auf den Einsatzbefehl seit bereits mehr als 30 Jahren. Die Behauptung, er sei durch Nachrüstung und Neutronenbomben nun noch gefährlicher und wahrscheinlicher und deshalb gerade jetzt Gegenstand des Protestes geworden, unterstellt, die Gefährlichkeit des vorangegangenen Zustands – ohne Nachrüstung und Neutronenbomben – sei noch einer Steigerung fähig gewesen, was entweder eine Beschönigung dieses vorangegangenen Zustands ist und eine Verharmlosung der mit ihm verbundenen Gefahren, oder aber eine technische Haarspalterei. Mögen Waffennarren, Amateurstrategen und all die verhinderten Oberbefehlshaber und Generäle in den Medien rote Wangen kriegen bei der Erörterung der Frage, ob man die Weltbevölkerung nun mit der neuen XY-Rakete 20mal oder 50mal vernichten kann – ich bin schon tot, wenn ich nur einmal sterbe, und ob dann eine A-, H- oder N-Bombe die Ursache gewesen war, ist mir nachträglich auch egal. Die Nachrüstungsdebatte der Friedensbewegung war, nebenbei bemerkt, der erfolgreichste Wehrkundeunterricht seit der Wiederbewaffnung, und künftige Verteidigungsminister werden allen Grund haben, der Friedensbewegung für diese Leistung zu danken.

Warum also hat man die atomare Bedrohung der Menschheit, die schon seit Jahrzehnten existiert, erst und gerade jetzt auf einmal so stark empfunden? Es wird zur Begründung dieser plötzlichen Angstaufwallung in der Regel der Regierungswechsel in den USA bemüht, in grober Verkennung der Tatsache, daß gerade der amerikanische Liberalismus, der innenpolitisch gegen Trusts, gegen Rassentrennung und für Gewerkschaften, Genossenschaften und Sozialprogramm optiert, stets eine aggressive, interventionistische Außenpolitik betrieben hat. Nicht konservative Republikaner wie Harding, Coolidge und Hoover, sondern liberale Demokraten wie Wilson, F. D. Roosevelt, Truman, Kennedy und Johnson haben weltweit militärisch interveniert. Den Vietnamkrieg hat der fortschrittliche, idealistische, sympathische Kennedy begonnen, derselbe Kennedy, der in der Kubakrise die Welt an durchs erkennende Subjekt, durch einen berechnenden Verstand mit handfesten Interessen, die es zum Beispiel zu verhindern wissen, daß wir beim Staatsbegräbnis Heiterkeit empfinden und laut lachen. Normalerweise werden allzu häufige Gefühlsbeteuerungen deshalb nicht überzeugen, sondern sie erregen Mißtrauen und Verdacht. An diesem heiklen Punkt nun, wo das Gefühl Gefahr läuft, zum Gespött zu werden, tritt der Beistandspakt in Kraft, den die Linken mit ihren eigenen Gefühlen geschlossen haben. Erst in der Not oder beim Gefühlsnotstand bewährt sich der Treueschwur, und dort entfaltet er seine visionäre Kraft. Je mehr von der Angst immer nur gesprochen wird und je weniger man sie sehen, fühlen und merken kann – so die Durchhalteparole –, desto weniger lassen wir diese unsere Angst im Stich, desto fester wollen wir daran glauben.

So ist die Atomkriegsangst unmittelbar eigentlich kein Gefühl, sondern ein Glaubensbekenntnis, welches zum Gefühl erst werden soll im zelebrierten Ritual, in der Masse, wenn der beschworene Geist über die Gemeinde kommt und den einzelnen in die Glieder fährt. Wie die Liebe zu Gott, König und Vaterland oder die Angst vor dem Teufel ist Atomkriegsangst zunächst Ideologie, die des Kults und magischer Praktiken bedarf, um schließlich gefühlt zu werden. Und analog zum Patriotismus ist die Atomkriegsangst kein emotionales Schwungrad, welches Vernunftgründen Wucht verleiht, sondern der Sirup, der die Brüche und Risse in der Argumentation verkleistert. So wie das große Gefühl, die Vaterlandsliebe, den Mangel wirklicher Vernunftgründe und Vorteile kompensieren muß, für eine Regierung zu sterben, so bräuchte man sich nicht mutwillig in die Angst vor der Atomkriegsgefahr hineinzusteigern, wenn es ein entschiedenes und begründetes Interesse gäbe, diese Kriegsgefahr zu verhindern. Man braucht keine Angst vor beispielsweise WC-Reinigern, um sie nicht zu trinken. Der schlichte Wunsch, am Leben zu bleiben, ist Hinderungsgrund genug. Viel weniger noch muß man den Atomkrieg fürchten, um ihn verhindern zu wollen, und unter allen Gründen gegen die Fortdauer der Atomkriegsgefahr ist die Angst vor ihr der geringste und schwächste. Hier geht es nicht darum, ob wir gute oder schlechte Träume haben, sondern um den Bestand der Welt. Ihn abhängig machen zu wollen von An- und Abschwellen eines subjektiven Angstempfindens, ist verantwortungsloser Wahnsinn – zumal selbst dann, wenn es Gefühle von gleicher Dauerhaftigkeit und Zuverlässigkeit gäbe wie die Kriegsgefahr, die Angst niemals der Gefahr entspräche. Vom eigenen abgesehen, fürchten wir den Tod nur sehr weniger Menschen. So ist der Wille, daß kein Atomkrieg hundert Millionen vernichten soll, keine Gefühls- und

Herzenssache, sondern eine Angelegenheit von Verstand, Recht und Moral.
Angst als politisch motiviertes Glaubensbekenntnis ist also nicht mehr das ursprüngliche, sondern das bereits ideologisierte, angedrehte, geschürte, manipulierte Gefühl oder Angst aus zweiter Hand. Die synthetische Angst muß um so größeren Wert darauf legen, als Gemütsverfassung von sakraler Würde und Weihe respektiert zu werden, als respektlose Gedanken und Bemerkungen sich angesichts der Atomangsteuphorie wie von selbst anbieten. Verglichen mit einer harmlosen Blindschleiche im Schlafsack ist die Atomkriegsgefahr eine ziemlich langweilige Sache.
Wie andere Gefühle, die den Gesetzen der Massenpsychologie gehorchen, so hat auch die bei Friedensversammlungen gemeinsam erlebte Atomkriegsangst zur Voraussetzung, daß die einzelnen auf den Gebrauch ihres Verstandes und ihres Wahrnehmungsvermögens verzichten. Ein markantes Beispiel dafür war die Fernsehdiskussion beim Hamburger evangelischen Kirchentag im Frühling 1981. Im Stil eines designierten Oppositionsführers sprach dort ein 17jähriger Schüler den Bundeskanzler mit den Worten an: »Ihre Politik macht mir Angst«, und es gab keine höhnischen Lacher, sondern nur tiefe Betroffenheit, als habe man eine Offenbarung vernommen, als habe kein Schuljunge gesprochen, sondern der Heilige Geist. Kein Kommentator hat später über die altkluge Art des jungen Heuchlers gespottet – obwohl man nur wenig Verstand und Lebenserfahrung braucht, um zu wissen, daß zu den wenigen Dingen, die ein 17jähriger nicht fürchtet, wenn er zum erstenmal im Scheinwerferlicht, vor TV-Kameras und großem Publikum dem Bundeskanzler im Wortgefecht gegenübersteht, bestimmt dessen Politik und der Atomkrieg gehört. Kein Publizist hat den naheliegenden Verdacht geäußert, ob die unbestreitbare reale Gefahr eines Atomkriegs vielleicht nur Vorwand und Alibi für die Mobilisierung von Angstgefühlen sei, die ihren Ursprung und Zweck ganz woanders haben – obgleich man, wie schon erwähnt, die Atomkriegsgefahr zwar wissen, erkennen und beweisen kann, aber nicht fühlen. Kein Journalist hat nach der Beschaffenheit einer Angst gefragt, die man gleichzeitig fühlen kann und lautstark, in wohlgesetzten Worten, vor Mikrofonen und Publikum äußern; die sonderbarerweise immer mit Friedensversammlungen und -kundgebungen zusammenfällt, obwohl Gefühle sich sonst gerade dann nicht einzustellen pflegen, wenn man sie will und braucht. Kein prominenter Schriftsteller hat schließlich versäumt, im Fernsehen zu erklären, daß er die Angst der jungen Generation verstehe und daß er in dieser Angst einen wichtigen Bundesgenossen im Kampf

gegen die Atomkriegsgefahr sähe – obwohl gerade Schriftsteller ein Interesse daran haben müßten, die Konfusion von Gefühl und Politik zu meiden. Das Angstgefühl als Kompaß, Wegweiser oder politische Richtschnur akzeptieren, heißt nämlich, der Angst eine auf Arterhaltung und Selbsterhaltung zielende Funktion zu unterstellen, und statt von einem Gefühl spräche man dann besser von einem Instinkt. Wenn das Gefühl eine vernünftigere Politik bezwecken soll, muß es selbst schon vernünftig sein. Nun zeichnen sich menschliche Gefühle aber im Unterschied zu den Instinkten der Tiere dadurch aus, daß sie den Notwendigkeiten des Lebens oder der Lebenserhaltung nicht sklavisch dienen müssen, weil der Mensch einen Verstand besitzt, seine Gefühle zu kontrollieren. Er muß, im Gegensatz zum Hund, den Stärkeren nicht lieben, er kann ihn sogar hassen, weil er, bevor er angreift, seine Erfolgschancen kalkuliert. Er kann es sich zum Beispiel leisten, Angst zu fühlen ohne reale Bedrohung, weil sein Verstand ihn daran hindern wird, ohne wirkliche Gefahr, nur des Angstgefühls wegen, panisch davon und möglicherweise ins Verderben zu rennen. Was das Angstgefühl von einem Fluchtreflex unterscheidet, ist gerade, daß das Gefühl im Unterschied zum instinktiven Reflex nicht unmittelbar der Selbsterhaltung dient, weil die Funktion der Selbsterhaltung von anderen Instanzen und Organen übernommen wurde. Nur ein wacher Verstand, heißt dies umgekehrt, befreit die Gefühle von ihrer Indienstnahme durch die Selbstschutzmechanismen, nur ein wacher Verstand gibt jenen Regungen, die vielleicht alle einmal bloß Instinkte waren, die Freiheit, sich zu menschlichen Gefühlen zu entwickeln, die nicht mehr der nackten äußeren Notwendigkeit gehorchen, sondern ihren eigenen psychologischen Gesetzen. Auf diese Emanzipation des Gefühls vom Instinkt sind gerade Schriftsteller nicht nur als Menschen, sondern als Berufstätige angewiesen. So sägen sie, wenn sie popularitätshascherisch ihre Solidarität mit der Atomkriegsangst verkünden, am Ästchen, worauf sie sitzen.

Es bleibt die Frage, was die Ursache der angedrehten Angsthysterie sei und was sie eigentlich bezwecke. Die Antwort ist leicht zu finden und schwer zu formulieren, weil es genügt, zu zittern. In der ›Dialektik der Aufklärung‹ und dort in den ›Elementen des Antisemitismus‹ haben Adorno und Horkheimer geschrieben: »Stets hat der blind Mordlustige im Opfer den Verfolger gesehen, von dem er verzweifelt zur Notwehr sich treiben ließ, und die mächtigsten Reiche haben den schwächsten Nachbarn als unerträgliche Bedrohung empfunden, ehe sie über ihn herfielen.« Schon bevor es den Begriff ›Putativnotwehr‹ gab, hat es die Sache gegeben. Die eigene Angst beschwören heißt, auf mildernde

Umstände plädieren, im Affekt ist alles entschuldbar, wenn nicht erlaubt. Eine Berlinerin, nach den Ausländern befragt, deren Abschiebung zur Diskussion steht, hat das im Fernsehen so formuliert: »Die drücken uns an die Wand.«

Nachtrag

Besonders für die Atomkriegsangst ist auch eine andere Lösung denkbar. Wenn das Ausland auf Kernwaffen nicht verzichten will, was sehr wahrscheinlich ist, wird sich eben auch Deutschland atomar bewaffnen müssen.

Am 23. 5. 82, als ihm der ›Gustav-Heinemann-Bürgerpreis‹ verliehen wurde, forderte Egon Bahr die Beschränkung der Atomwaffen auf die Besitzerstaaten: Es sollten alle Atomwaffen aus denjenigen Staaten in Europa abgezogen werden, die nicht selbst über sie verfügen und über ihren Einsatz oder Nichteinsatz nicht selbst entscheiden können (FR vom 24. 5. 82). Auch für diese Forderung gibt es zwei Möglichkeiten der Erfüllung: Entweder die BRD wird atomwaffenfrei, oder sie wird Besitzerstaat.

den Rand eines Atomkriegs trieb, und umgekehrt war es der konservative Republikaner und pathologische Kommunistenfresser Nixon, ein Bösewicht und Scharfmacher, wie er im Buche steht, der den Vietnamkrieg beendete, mit der Sowjetunion verhandelte und diplomatische Beziehungen zu China knüpfte. Der aberwitzige Plan, gegebenenfalls mit 100 000 Mann im Nahen Osten zu stürmen, stammt nicht vom reaktionären Reagan, sondern von seinem fortschrittlichen Vorgänger Carter, und während die sowjetische Intervention in Afghanistan den in seinen Verständigungs- und Friedenshoffnungen enttäuschten Carter zu blindem Eifer in seinem Bemühen trieb, nicht als nachgiebiger, leicht zu übervorteilender Träumer zu gelten – währenddessen also reagierte die Reagan-Administration, die von den Kommunisten prinzipiell nichts Gutes erwartet, auf das Kriegsrecht in Polen gelassen. Ob Reagan als Aufrüstungs- oder Abrüstungspräsident in die Geschichte eingehen wird, ist deshalb noch längst keine beschlossene Sache, zumal gerade für ausgewiesene Reaktionäre der gefährliche Zwang entfällt, die bezweifelte Härte und Verteidigungsbereitschaft durch unberechenbare Aktionen periodisch zu beweisen.

So bleibt die Frage, ob das plötzliche Hereinbrechen der Atomkriegsangst nur ein politischer Irrtum war, geschuldet dem Umstand, daß man alle halsbrecherischen Abenteuer der amerikanischen Außenpolitik unter Carter verschlafen hatte und deshalb nun Reagan für einen außergewöhnlich risikofreudigen und gefährlichen Präsidenten hielt. Oder gab es vielleicht zwischen dem hemmungslosen Gefühlsegoismus als oberster Maxime alternativer Politik in der Vergangenheit und dem neuen Protest gegen die atomare Bedrohung eine geheime Verbindung? War das, was nach außen wie ein radikaler Bruch erschien, im Inneren, im Gemüt eine kontinuierliche Linie? Trieb der Genuß eines anheimelnden gemeinsamen Gruselns in Erwartung des bevorstehenden Weltuntergangs die Hedonisten zum massenhaften Antiatomprotest auf die Straße? Verhalf der Antiatomprotest also den gemeinschaftserlebnishungrigen Deutschen zu einem Gemeinschaftserlebnis von besonders delikater Art, zum gemeinsam phantasierten gemeinsamen Untergang, zum vorwegnehmenden Auskosten der stärksten, intensivsten sinnlichen Erfahrung, die nach allgemeiner Überzeugung das Leben zu bieten hat? Jonestown lag gerade zwei Jahre zurück, ›mein schönstes Sterbeerlebnis‹ hatte sich nach einer subkulturellen Erprobungsphase bis zur Bild-Zeitungs-Serienreife entwickelt. War es der Wunsch, im Tode als Erlebnisoptimum nicht nur vereint zu sein, sondern thermonuklear miteinander verschweißt zu werden, der auf den Titelseiten vorübergehend die lächelnden, leichtbekleideten Mädchen als verkaufsfördernden Blickfang durch Atompilze verdrängte? Und war vielleicht die Lust auf solche restlose Wiedervereinigung genau der tiefenpsychologische Treibsatz, den ein neuer, von innen her aus der Volksseele zur Entfaltung drängender Nationalismus brauchte? Für diese Vermutung spricht die einfache Prognose, daß von all den Dingen, die im Interesse eines friedlichen Zusammenlebens der Menschen abzuschaffen wären, z. B. Ausbeutung, Hunger, Ungerechtigkeit, Justiz, Polizei, Armee und schließlich auch Kernwaffen, es jene letzteren sind, die erst ganz zum Schluß beseitigt werden, am Ende eines erfolgreichen Kampfes um die Abschaffung aller Verhältnisse, welche den Besitz von Kernwaffen vorteilhaft und zweckmäßig erscheinen lassen. Wo Arme und Reiche zusammenleben, kann man nicht auf die Polizei verzichten und die Gefängnisse schließen, weil das Unrecht Waffen braucht, um den Frieden seiner Nutznießer mit Gewalt zu sichern. Wer anders als eine atomar bewaffnete Weltpolizei also könnte den Frieden dieser Weltordnung garantieren, den Frieden zwischen Milliarden, die friedlich verhungern, und Millionen, die sich friedlich überfressen? Was wenn nicht die Drohung mit der Bombe könnte diese Weltordnung daran hindern, als das zu erscheinen, was sie ist, nämlich durch die Angst vorm Weltuntergang mühsam gebändigter Bürgerkrieg? Was, wenn nicht ein knisterndes Spannungsfeld zwischen den atomar hochgerüsteten Supermächten, sollte die einzelnen wohl wie Eisenfeilspäne auf die Feldlinien einer Ordnung zwingen, an der selbst die Privilegierten verzweifeln? Wer würde noch an die Regierungen glauben, wenn sie zum Ausgleich für ihre Ohnmacht, alle Menschen zu ernähren, nicht wenigstens die Macht besäßen, alle Menschen zu vernichten? Und gäbe es den Gott, zu dem die Friedenspfarrer beten und fräße also der grüne Kernbeißer über Nacht alle Atombomben auf: Wäre dann Frieden, oder bräche dann der dritte Weltkrieg aus? Blieben dann, wenn die Bombe von heute auf morgen verschwände, nicht genau die Voraussetzungen und Entwicklungsbedingungen zurück, die zur Konstruktion dieser Bombe geführt haben? Sogar an ein wiedervereinigtes Deutschland haben die Friedensbewegten gedacht. Was wollen sie wirklich? Noch mal in der alten Besetzung und mit den Requisiten von damals ins Finale um die Weltmeisterschaft, die stille Hoffnung im Herzen, der dritte Anlauf werde klappen?

Im »18. Brumaire« erzählt Marx eine kleine Anekdote: »Als die Puritaner auf dem Konzile von Konstanz über das lasterhafte Leben der Päpste klagten und über die Notwendigkeit der Sittenreform jammerten, donnerte der Kardinal Pierre d'Ailly

ihnen zu: ›Nur noch der Teufel in eigener Person kann die katholische Kirche retten, und Ihr verlangt Engel.‹« Den Frieden dieser Welt, so wie sie ist, kann nur eine Waffe sichern, die erst noch entwickelt werden muß. Wer diesen Frieden will, muß die Antimateriebombe, 10 000mal stärker als die Wasserstoffbombe, fordern. Wer gleichzeitig diesen Frieden will und Abrüstung fordert, ist von Sinnen. Aber in der Friedensbewegung gibt es nur pietistische Pfarrer, keine Kardinäle.
So zeichnet sich jeder Protest gegen die atomare Bedrohung der Menschheit durch die Gewißheit aus, sein unmittelbares, deklariertes Ziel unmittelbar bestimmt nicht, und wenn überhaupt je, dann erst in schier unausdenkbar weiter Ferne zu erreichen, und so ist von unmittelbarer politischer Bedeutung an dem Protest gegen die atomare Bedrohung der Menschheit gerade nicht das vordergründige praktische Ziel, die Kernwaffen abzuschaffen, sondern von unmittelbarer politischer Bedeutung ist es, welchen Kampf für andere, in naher Zukunft tatsächlich erreichbare Ziele die Vergegenwärtigung der Tatsache radikalisiert, befeuert und beflügelt, daß die Menschheit von der herrschenden Weltordnung auf die Dauer nichts zu erwarten hat als den eigenen Untergang. Als vornehmlich nur radikalisierendes Moment bezieht der Protest gegen die atomare Bedrohung der Menschheit seine politischen Inhalte und seine politische Richtung gerade nicht aus sich selbst, sondern aus den Umständen, aus den Rand- und Begleiterscheinungen, unter denen er auftritt und mit denen er sich verbindet, und diese scheinbaren Nebensächlichkeiten sind es, die rückschließend auf die Triebkräfte und Motive folgern lassen, welche hinter der zentralen Forderung stecken. Dann aber läßt sich der völlige Verzicht auf den Antiatomprotest in den letzten zehn Jahren als Weigerung der Linken begreifen, sich radikalisieren zu lassen, solange sie noch Spuren der Erinnerung an ihre klassenkämpferische, militante sozialrevolutionäre, antiimperialistische Phase besaßen, oder als Weigerung der Linken, Linksradikale zu werden. Erst als die Linken ihre ursprünglichen Absichten ganz vergessen und sich den Zielen »heile Welt, reine Luft, Blut und Boden, keine Verfälschungen durch jüdische Machenschaften chemischer Art« (Bloch über die Alternativbewegung) verschrieben hatten, waren sie wieder zur Radikalisierung bereit.

Ein Meilenstein auf dem Wege dieser dem Antiatomprotest vorausgegangenen Transformation halbherziger Linker in leidenschaftliche Patrioten dürfte die Schleyer-Katastrophe gewesen sein und speziell die Flut von Ergebenheitsadressen, mit welchen sich damals die Linke geschlossen wie nie zuvor gegen den

gemeinsamen Volksfeind, nämlich die RAF, und hinter die Regierung stellte, die stellvertretend für alle den gemeinsamen Volksfeind bekämpfte. In der von beiden Seiten nicht nur zum Krieg, sondern obendrein zu dessen letzter, schicksalhafter Entscheidungsschlacht aufgebauschten Konfrontation zwischen RAF und BRD ließ sich die Linke dazu zwingen, Partei zu ergreifen, und natürlich ergriff sie nicht für die RAF Partei, sondern für die Bundesrepublik. ›Die RAF‹ – so damals das gängigste Argument – ›bedroht auch und vor allem die Linke‹. So bewies die neue Linke in der Stunde der Not, daß sie nach alter sozialdemokratischer Tradition das bedrohte Vaterland nicht im Stich lassen würde, und so saßen nun alle, die Linke, das Volk und die Regierung im selben Boot. Als Preis für den Verrat an ihren Prinzipien und als Lohn für ihre Treue zum Vaterland strich die Linke den Vorteil ein, nun erstmals auf der Seite des Siegers zu kämpfen, und dieses Erfolgserlebnis wird kaum ohne Bedeutung für ihre weitere Entwicklung geblieben sein. Nicht langfristige Programme und tägliche Kleinarbeit bestimmen die Zukunft einer Bewegung, sondern die Tatsache, wie sie sich in jenen relativ seltenen historischen Augenblicken verhält, die eine Entscheidung ermöglichen und erzwingen.
Einstweilen freilich war noch nicht die Linke an der Reihe, den Sieg der Bundesregierung über ihre Widersacher zu feiern. Damals, im November 1977, hatte die GSG 9 einen Blitzkrieg gegen vier Hijacker in Mogadischu gewonnen. Von der Heimatfront wurde ein kleiner Endsieg gemeldet: in Stammheim fand man drei Leichen. »Zum erstenmal in meinem Leben bin ich stolz darauf, ein Deutscher zu sein«, meinte ein junger Mann stellvertretend für alle im Fernsehen. »Zum erstenmal habe ich nicht das Gefühl, mich für die deutsche Außenpolitik schämen zu müssen«, gestand erst fünf Jahre später und natürlich aus ganz anderen Gründen Klaus Hartung in der *taz* (12. 1. 82), aber der Bundeskanzler war noch immer der gleiche. »Eine Nation fand ihr Selbstgefühl wieder – es ist nicht zu hoch gegriffen, das zu sagen«, kommentierte am 19. 10. 1977 die Berliner *BZ*. Der Bundespräsident sang »Hoch auf dem gelben Wagen«. Die Nation hatte ihr Selbstgefühl wiedergefunden, die Linke suchte es noch. Sie trauerte, aber nicht um die von der GSG 9 erschossenen Hijacker, nicht um die Toten von Stammheim, sondern um Deutschland. »Deutschland – ein Wintermärchen« wurde von der Berliner Schaubühne inszeniert, »Deutschland im Herbst« lautete der elegische Titel eines erfolgreichen Films, rasch zusammengemixt von den ewigen Jungfilmern Kluge usw., die im Fronteinsatz an allen Goetheinstituten der Welt das bessere, das gute Deutschland

aufopferungsvollen und blutigen Arbeit geprellt, zweimal hat deutsche Tapferkeit gegen amerikanischen Nachschub verloren, zweimal also wurde Deutschland um den heldenmütig erkämpften und bereits in greifbare Nähe gerückten Sieg von Amerika betrogen und bestohlen. Zwei Weltkriege hat Deutschland angezettelt, und jedesmal war der Hauptgewinner ein anfangs unbeteiligter Dritter, nämlich Amerika. Mit jedem verbissenen Klimmzug, den die Deutschen unternahmen, wurde Amerika stärker, wann immer die Deutschen mit verrenkten Gliedern nach der Weltherrschaft griffen, fiel ein Stück davon herunter und Amerika in den Schoß. Um die Weltherrschaft hat diese Nation nicht zielstrebig kämpfen müssen, sondern zwei von Deutschland verursachte Weltkriege haben sie in die Rolle einer Supermacht förmlich hineingedrängt. So wurde der deutsche Traum von der Supermacht nach einer langen Kette blutiger Verbrechen am Ende zwar Wirklichkeit, nur hieß die Supermacht dann nicht Deutschland, sondern Amerika.

Solcher Hohn muß unauslöschliche Spuren in der deutschen Volksseele hinterlassen haben und vor allem tiefsitzende Ressentiments gegen die Amerikaner. Dank Deutschlands unfreiwilliger Hilfe nämlich wurde Amerika nicht nur zur mächtigsten Nation der Erde, sondern es konnte sich als Weltmacht in der glänzenden Rolle eines großzügigen, uneigennützigen Befreiers gefallen, in der Rolle des Befreiers nämlich von deutscher Unterdrückung, Plünderung, nacktem Raub und organisiertem Massenmord. Während Deutschland durch die Errichtung von Konzentrationslagern vergeblich zur Macht kommen wollte, kam Amerika wirklich zur Macht, als es die deutschen Konzentrationslager befreite. Während Deutschland sich vergeblich mit anderswo der hungernden Bevölkerung gestohlenen Lebensmitteln mästete, um stark zu werden, bewies Amerika seine Stärke, indem es der hungernden Bevölkerung anderer Länder Care-Pakete schickte. So schweißten die grausigen Welteroberungspläne und -taten der Deutschen nicht nur die bedrohten Länder zu einem Machtblock zusammen, wie man ihn in solcher Kompaktheit zuvor nicht kannte, sondern diese Welteroberungspläne und -taten lieferten obendrein diesem Machtblock eine hieb- und stichfeste moralische Legitimation. Wo das Böse so mächtig ist wie das deutsche Dritte Reich, hat das Gute keinen Grund, sich seiner Macht und Stärke zu schämen, ganz im Gegenteil. Wo der Teufel am Werk ist, ist auch sein Widersacher und Bezwinger, der allmächtige Gott, nicht weit.

So scheinen alle von Deutschland begangenen Verbrechen nur den Zweck gehabt zu haben, noch einmal zu beweisen, daß sich

Verbrechen nicht auszahlen und am Ende das Gute siegt. Während Deutschland vergeblich gemordet hatte, stand nun das unschuldige Amerika als strahlender Sieger da, mit reiner Weste und als Land freier Bürger, dessen politische Macht und militärische Stärke die Herrschaft von Gestapo und SS überall auf der Welt verhindern sollte. Es muß noch heute im Herzen eines jeden deutschen Patrioten hörbar knirschen, wenn er sich diesen Sachverhalt vor Augen hält, und seine Aversion gegen die Supermächte hat einen leicht begreiflichen Grund: Nur diese Supermächte und ganz besonders Amerika sind schuld daran, daß Deutschland keine wurde. Sie haben Deutschland geschlagen, gedemütigt und geteilt.
Im Unterschied zur nackten Angst ums eigene Leben kann deshalb, vor diesem Hintergrund, die Befürchtung der Friedensbewegten, daß ganz speziell Deutschland als Volk und als Nation zwischen den Supermächten atomar zerrieben werde, auch als Erinnerung an vergangene Niederlagen begriffen werden, transponiert freilich in die Form einer Zukunftsvision. Die Deutschen leben, aber als Volk und als Nation hat Deutschland den Untergang nicht vor sich, sondern hinter sich, es ist bereits zweimal vernichtend geschlagen worden. Als Zukunftsvision aber ist dieser Untergang als Volk und als Nation kein fait accompli, sondern nur eine drohende Gefahr, so wie der Angsttraum nach dem Unfall durch die Illusion tröstet, das Unglück wäre noch nicht geschehen und sei also noch abzuwenden.[2] Vor allem aber ist die Zukunftsvision im Gegensatz zur Erinnerung, aus der sie hervorging, durch Tatsachen nicht widerlegbar. Unter dem Vorwand einer Beurteilung gegenwärtiger und künftiger Absichten Amerikas könnte die in Wahrheit gewünschte Revision des Urteils über seine vergangenen Taten erfolgen, ohne daß man sich um die Beweislage zu kümmern braucht. Die Warnung vor der Bedrohung speziell Deutschlands durch amerikanische Raketenbasen kann auch als Schuldvorwurf gegen Amerika gelesen werden, d. h.: als Exkulpation der Deutschen. Man sagt, daß Amerika Deutschland in ein Schlachtfeld verwandeln wolle, und man meint: Vielleicht hat es das schon zweimal getan. Nicht Deutschland ist schuld an der Verwüstung seiner Städte, an der Teilung seines Landes, am Niedergang Europas, an der Konzentration aller Macht auf der Welt in zwei feindliche Blöcke, sondern schuld daran ist Amerika. Mag sein, daß schon während des Vietnam-Protests ein verstecktes nationalistisches Ressentiment der damals noch verborgene Sinn antiamerikanischer Militanz gewesen ist, das schlechte Ende einer Bewegung strahlt notwendig auf ihren Ursprung zurück. Der Ursprung erschließt sich erst retrospektiv, er ist durchs spätere

Resultat vermittelt, ohne seinerseits dieses Resultat von Beginn an zu bestimmen und zu implizieren, und wenn die neue Linke nun zu allem Überfluß auch noch patriotisch wird, dann sind die Demonstrationen gegen den amerikanischen Krieg in Vietnam eben nicht der Anfang einer revolutionären und antiimperialistischen Bewegung, sondern der Anfang einer nationalen Erweckungsbewegung gewesen. Ob jeglicher Fortschritt in der Menschheitsgeschichte wirklich einer oder einer hin zum Abgrund war, wird man auch erst wissen, wenn sich die Menschheit entweder als Verein freier Menschen konstituiert oder sich selbst in die Luft gesprengt hat. Nicht auszuschließen, daß die Menschheitsgeschichte dereinst als ein einziges Unglück begriffen werden muß, welches in ferner Vorzeit damit begann, daß sich ein Affe plötzlich auf die Hinterbeine stellte, und welches unabwendbar wurde, als man das Feuer, die Schrift, das Bruchrechnen und die Demokratie erfand. Vielleicht also war es damals schon der stille Wunsch »Amis raus«, oder einfach »raus«, ganz gleich, ob Juden, Ausländer oder Amis, welcher sich in der aus tausend Kehlen gerufenen Demonstrationsparole »Amis raus aus Vietnam« laut Gehör verschaffte, vielleicht war in der Rede vom tapferen vietnamesischen Volk das Adjektiv nur Alibi, um das Substantiv in den Mund zu nehmen. Nun, da die Linke dabei ist, patriotisch zu werden, müssen sich solche bedrückenden Zweifel melden, und einmal ausgesprochen, werden sie sich nie mehr ganz ausräumen lassen. Der Satz, daß die Vergangenheit die Gegenwart belaste, gilt auch umgekehrt.

Wie dem auch sei – immerhin jedenfalls bewahrt die objektive Berechtigung des Vietnam-Protests ihn davor, durch zweifelhafte Beweggründe und Motive diskreditiert zu werden, und wenn unter seinen Motiven auch ein verstecktes nationalistisches Ressentiment gewesen war, so spielte es doch keine dominierende Rolle. Entscheidender für die Vehemenz des Protests war damals der plötzliche Verlust eines Idols, eine tiefe Enttäuschung. Im Glauben an einen Supermann mit Pfadfindergesinnung – jeden Tag eine gute Tat – war man erzogen worden, und nun entpuppte sich der rettende Engel und Rächer der Enterbten als aggressive und verwundbare Weltmacht mit handfesten politischen, ökonomischen und militärischen Interessen, denen bedenkenlos die Bevölkerung ganzer Länder geopfert wurde. Nicht nur der Glaube an die Macht des Guten, sondern der Glaube an die Macht generell war zusammengebrochen, das Idol hatte seine Anhänger verraten, die gläubige Verehrung schlug um in tiefe Erbitterung. Amerika hatte Freiheit und Gerechtigkeit gepredigt und nun seine eigenen Prinzipien Lügen gestraft durch die böse Tat. Es war, als ob man den Papst persönlich beim Schäferstündchen erwischte, und so war auch die Empörung.

Viel schwerer ist es, die heutigen Aversionen gegen Amerika zu erklären. So wie man in Deutschland nie recht weiß, ob beispielsweise der Haß aufs Verbrechen mehr diesem selbst oder mehr seiner Voraussetzung gilt, nämlich der Freiheit, dem Umstand, daß noch Menschen frei herumlaufen und nicht im Gefängnis, in der Kaserne oder im Arbeitslager sind; so wie man in Deutschland auch nie recht weiß, ob Leute, wenn sie gegen die bürgerliche Gesellschaft oder das ›System‹ protestieren, die mit der bürgerlichen Gesellschaft verbundene Ausbeutung und Unterdrückung oder die mit ihr ebenfalls verbundene Freiheit nicht leiden können – so weiß man im Augenblick nicht genau, ob die USA verabscheut werden als der Unterdrücker und Ausbeuter, der sie, freilich nicht allein, in der Dritten Welt sind, oder ob die USA verabscheut werden in ihrer Eigenschaft als Befreier Europas vom deutschen nationalsozialistischen KZ-Regime, der sie ebenfalls gewesen sind. Gewiß gefährden neben sowjetischen, britischen und französischen Atomwaffen die amerikanischen Raketen den Bestand der Welt. Gewiß ist die Skala der Argumente gegen Atomwaffen so breit wie die von ihnen bewirkte Gefährdung der Menschheit groß. Nur eines dieser vielen Argumente ist wirklich schwach, und prompt ist es zum Hauptargument der deutschen Friedensbewegung geworden, das Argument nämlich, der Atomkrieg bedrohe speziell die deutsche Nation. Wenn's das nur wäre, hätte der Atomkrieg vielleicht schon längst stattgefunden, den Verlust wohl keiner Nation würde der Rest der Welt leichter verschmerzen als den der deutschen. Mutwillig Millionen Menschen umzubringen, ist zwar eine deutsche Spezialität gewesen und leider nicht geblieben, das Leben von Millionen Menschen zu riskieren hingegen, ist, besonders wenn es sich um Menschen aus anderen Nationen handelt, nur Routine im politischen Geschäft. So wäre das Argument von der besonderen Bedrohung der deutschen Nation durch atomare Waffen realpolitisch ein gefährlicher Bumerang, würde man es glauben, und ein Bumerang ist es auch, wenn man es als moralischen Appell betrachtet.

Nicht als Angehörige einer besonderen Nation, sondern als Angehörige der Menschheit besitzen alle Deutschen das Recht auf Leben und körperliche Unversehrtheit. Nicht weil die Deutschen Deutsche, sondern weil sie Menschen sind, wäre es ein Verbrechen, sie mit Atomwaffen oder sonstwie zu töten. Was für die Deutschen als Menschen gilt, gilt nicht für Deutschland als Nation. In den Kategorien von Volk und Nation gedacht, haben die Deutschen unermeßliche Schuld auf sich geladen, die bis heute

ungesühnt geblieben ist. Einander schicksalhaft verbunden im Volk, in einer Art von höherem Wesen mit eigener Gestalt und eigenem Willen, also zum stammesähnlichen Kollektiv regrediert, haben die Deutschen nach dem archaischen Gesetz »Auge um Auge, Zahn um Zahn« von der Geschichte nichts zu erwarten, als daß die Bombe, die damals in Hiroshima den japanischen Verbündeten traf, nun sie selber treffe – gewissermaßen als atomarer Vergeltungsschlag für Auschwitz. Vielleicht ist es die dunkle Ahnung dieses Sachverhalts, die sich in der Verbindung von Atomangst und Patriotismus spiegelt.
Hängt anderswo nur die Verbesserung oder Verschlechterung der politischen Verhältnisse davon ab, ob die Emanzipation der einzelnen von Volk, Nation, Heimat, Vaterland gelingt, so ist dies in Deutschland zwar keine reale, wohl aber eine moralische Überlebensfrage. Als Volk haben die Deutschen in Auschwitz ihr Existenzrecht verspielt. Kein Wunder daher, wenn synchron mit den patriotischen Gefühlen auch die Angstgefühle wachsen, wenn mit der Wiedervolkwerdung das große Zittern beginnt. Die Angst vor der Rache ist es, welche die Angst der Deutschen erklärt. Real nämlich haben sie als Menschen allerhand, als Deutsche nichts zu befürchten, weil Deutschland seinen Untergang als Volk oder Nation nicht vor sich, sondern hinter sich hat. Um Deutschlands Sieg oder Untergang ist es in den zwei vergangenen Weltkriegen gegangen. Beim nächsten steht kein patriotischer Hokuspokus auf dem Spiel, sondern die Existenz der Menschheit.

Doch keine Nation, nicht mal die deutsche, lebt allein von ihrer Feindschaft zu anderen, sie benötigt nicht nur ein negatives Verhältnis zum Rest der Welt, sondern auch ein positives zu sich selbst, zur eigenen Tradition, zur eigenen Geschichte. Die Hindernisse, die dem speziell in Deutschland entgegenstanden, wurden von den im Zusammenhang mit der Holocaust-TV-Serie vergossenen Tränen hinweggeschwemmt. Kaum ein Ereignis der letzten Jahre ist gravierender mißverstanden worden als jene unerwartete Massengemütsbewegung im Februar 1979. Was als reuige Einkehr, als späte Einsicht begangenen Unrechts erschien, hatte, folgenlos, wie es praktisch blieb, in Wahrheit die Funktion einer erfrischenden Beichte, und die Tränen, die damals flossen, waren nicht nur solche der Trauer, sondern weit mehr noch solche der Erleichterung. Vor allem aber waren es Tränen des Wiedersehens, Tränen der Rührung über ein Wiedersehen nach 35 langen Jahren der Trennung. Es war ein Wiedersehen mit der Oma, wie sie noch selber das Mus einkochte, mit Deutschland, als es noch ungeteilt und nicht vom Umweltschmutz verseucht war, mit einer Zeit, als

Hamburger noch Leute wie Hans Albers und keine Frikadellen waren. Wo die Deutschen vorher nur ein Loch, eine Tabuzone, einen Grund zum peinlichen Schweigen besaßen, besaßen sie nun wieder eine Geschichte, eine Tradition, eine Vergangenheit. Seitdem hat das Thema »Alltag im Nationalsozialismus« Hochkonjunktur, neben vielen Neuerscheinungen gibt es einen Schüler-Aufsatzwettbewerb »Deutsche Geschichte«, der sich reger Beteiligung erfreut – pikanterweise stand er ausgerechnet unter der Schirmherrschaft von Carl Carstens. Längst ist es nicht mehr das Interesse an aggressiver, moralischer und politischer Kritik gegenwärtigen Unrechts, welches an der Beschäftigung mit dem nationalsozialistischen Alltag und am Nationalsozialismus überhaupt reizt, sondern was an der ›Aufarbeitung der Vergangenheit‹ reizt, ist die Aussicht auf Befriedigung eines ganz anders gearteten Bedürfnisses, des Bedürfnisses nach Wiederaneignung von Tradition, Geschichte, nationaler Identität, gemeinsamer Vergangenheit nach dem Motto: Ganz gleich, wie diese Vergangenheit nun im einzelnen beschaffen war – Hauptsache, es war überhaupt eine da.
Vier Folgen lang hatte damals, im Februar 1979, das Volk gebüßt und bereut, geweint und gelitten und sich damit seinen Ablaß vor der Geschichte erstritten, nun waren die Tabus beseitigt, der Bann gebrochen, nun genoß man in neuer Unbefangenheit, frei von Schuld und Scham, die wiedergefundene gute, alte, gesamtdeutsche Zeit der Ufa-Filme, die das Fernsehen im Anschluß an die Holocaust-Serie und als Lohn und Ausgleich für sie zeigte. Nun explodierte nach 35 langen Jahren der Entbehrung von historischer Kontinuität und nationaler Identität ein gewaltiger Nachholbedarf, und während Zadeks NS-Revue am Berliner Schillertheater ein johlendes Publikum amüsierte, verfilmte Fassbinder die ›Lilly Marleen‹, die Geschichte vom deutschen Frontsoldaten, nachdem schon vorher in *Courage* die Trümmerfrau rehabilitiert worden war und längst niemand mehr beim unsäglichen Filmtitel »Deutschland – bleiche Mutter« einen Wutanfall bekam oder Brechreiz verspürte.
Es bleibt die Frage, warum in der Bundesrepublik ausgerechnet die Linken zu entschiedenen Vorreitern und Schrittmachern überall aufquellender Heimat- und Vaterlandsgefühle wurden, warum die nationale Phrasendrescherei bei den Sozialdemokraten viel beliebter und verbreiteter ist als bei den Christdemokraten, obgleich der Sozialismus als Idee keinen geringeren Anspruch auf Universalität erhebt als das Christentum. Die einfache Erklärung für dieses ideologische Wunder ist in dem Umstand zu finden, daß in Ländern, wo die Entwicklung zum Nationalstaat mißlang, kein gutgläubiger, naiver Nationalismus eine Erfolgschance hat, son-

dern nur der ressentimentgeladene von Dissidenten und Renegaten, ein Nationalismus, der nicht vom Glauben an eine gute Sache, sondern von der Verdrängung der verratenen besseren lebt, nicht von der Hoffnung, sondern von der Enttäuschung, nicht, wie behauptet, vom jugendlichen Überschwang, sondern von der Midlife-crisis, in welcher seine heutigen Wortführer stecken, die in jüngeren Jahren Verfechter des proletarischen Internationalismus waren. Es können nicht gutgläubige Anhänger diesen Nationalismus tragen, sondern nur desillusionierte Desperados, die an die nationale Frage nicht glauben, weil sie wollen, sondern weil sie müssen, deshalb, weil dies die allerletzte Trumpfkarte im Spiel der gescheiterten Hoffnungen ist, ein ideologischer Volkssturm gewissermaßen in der letzten Entscheidungsschlacht um das Festklammern oder die Preisgabe biographischer Illusionen. Der deutsche Nationalismus braucht Anhänger, die, nachdem sie schon alles – Maoismus und Buddhismus, Stalinismus und Zen, Makrobiotik und Poona – durchgemacht und fallengelassen haben, ihr Vaterlandsgefühl nun als ideologische Endstation empfinden, als Ziel der Reise, mit dem man sich auf Gedeih und Verderb arrangieren muß, weil es kein Entkommen mehr gibt. Als Ideologie der Aussichtslosigkeit – nie werden Österreicher, deutschsprachige Schweizer und Bundesbürger zusammen mit ihren Brüdern und Schwestern in der DDR eine gemeinsame Nationalhymne singen – und als Bewegung, welche die Garantiekarte fürs Scheitern im Tornister trägt, besitzt der deutsche Nationalismus für Gescheiterte, Enttäuschte und desillusionierte Desperados eine seltsam faszinierende Anziehungskraft, wie Desperado-City in der Wüste, wo die gestrandeten Existenzen ihre Pläne für den ganz großen allerletzten Coup ausspinnen, der mit Sicherheit scheitert.

Weil der deutsche Nationalismus stets dritte Wahl ist und als verborgener Antrieb die Enttäuschung über die mißlungene Revolution, über die versandete Lebensreform in ihm steckt, deshalb ist der Terminus »Nationalsozialismus«, der den einzigen erfolgreichen Nationalismus in der deutschen Geschichte bezeichnet, kein Etikettenschwindel, und es ist keine Demagogie, auf die Mitgliederfluktuation zwischen SPD, KPD und NSDAP hinzuweisen, weil dies ebenso eine historische Tatsache ist wie Mussolinis sozialistische Vergangenheit. Nicht die Idee des Sozialismus ist durch seine Verbindung oder zumindest personelle Verknüpfung mit dem Nationalsozialismus widerlegt, sondern es ist damit nur bewiesen, was aus dem Sozialismus entstehen kann, wenn nichts aus ihm wird.

Als Konkursmasse aus vielen Pleiten ist der deutsche Nationalismus nie großzügig, freigiebig und mit jener enthusiastischen

Gastfreundschaft verbunden, welche den eigenen Wohlstand und die erstrittenen bürgerlichen Freiheitsrechte zum Ruhm der Nation gern mit Fremden teilt, sondern stets ist er kleinlich, wehleidig-gereizt, fremdenfeindlich und von einem unstillbaren Nachholbedarf und Wiedergutmachungszwang besessen. Stets nämlich hat die nationalistische Propagandafanfare in Deutschland einen von allem blechernen Scheppern nicht übertönbaren dumpfen, schmerzenden Beiklang. Es schwingt im Weckruf, im Trompetensignal zum nationalen Erwachen, als Unterstimme auch eine kränkende, quälende Erinnerung mit, die Erinnerung an den Augenblick der Feigheit, an die verpaßte Gelegenheit, die nie wiederkehrt, an den Moment, wo man den Mut und die Entschlußkraft nicht fand, die befreiende Tat zu wagen. So ist die nationale Aufbruchsstimmung in Deutschland getönt durch eine eigentümliche Verzagtheit, durch die dunkle Ahnung, für eine Sache zu streiten, die längst vorbei und verloren ist, in dem Sinn etwa, wie der Weltuntergang für die Friedensbewegung schon beschlossene Sache war, als sie anfing, gegen die Nachrüstung zu protestieren.[3]
Der aus solcher Verzagtheit und dunklen Ahnung entstehende Zwang, beide zu überschreien, ist es, der den deutschen Nationalismus potentiell so rabiat, so verhärtet, fatal und gefährlich macht. Man kann in Deutschland kein Nationalist sein, ohne in eine Depression zu verfallen, die irgendwann umschlägt in nackte Wut. Man kann als Nationalfeiertag kein Datum feiern, an dem die Bürger den König zu einer Gedenkminute für die von ihm verschuldeten Opfer zwangen, statt, wie in anderen Ländern, die Gefängnisse zu stürmen, die Gefangenen zu befreien und den König zu enthaupten oder zu verjagen. Dies ist kein Jubeltag, sondern ein Tag der Schmach, an dem die Pläne für die Nacht der langen Messer reifen, ein Tag, um voller Bitterkeit mit dem Schicksal zu hadern, ein Tag auch, an dem man den Entschluß faßt, die Scharte auszuwetzen, zurückzuschlagen und alle Schlappen der Vergangenheit auf einen Streich wieder wettzumachen. Kein Wunder, daß auf die Schnapsidee gerade Albertz kam, der später den Slogan vom ›besetzten Land‹ propagierte.
Die mit seiner praktischen Aussichtslosigkeit verbundene Tendenz des deutschen Nationalismus, zunächst als wehmütige, sentimentale, gedrückte Stimmung, als Innerlichkeit zu erscheinen und sich in dieser Phase mit starken irrationalen Kräften zu verbünden, die dann irgendwann wie ein paranoider Schub nach außen drängen und unberechenbar um sich schlagen – diese Tendenz also wird plausibel, wenn man den deutschen Nationalismus mit anderen vergleicht. Ein französischer Nationalist ist jemand, der Frankreich anhimmelt, glorifiziert, vergöttert, und

was Frankreich ist, weiß man seit zweihundert Jahren ziemlich genau. Ein deutscher Nationalist ist jemand, der etwas anhimmelt, glorifiziert und vergöttert, wovon niemand, auch er selber nicht, genau sagen kann, was das eigentlich sei, eine Personenkörperschaft, eine Gebietskörperschaft, das Verbreitungsgebiet einer Sprache oder ein souveräner Staat. Die daraus entstandenen Folgen hat Hannah Arendt in ihrem Buch »Ursprünge und Elemente totaler Herrschaft« genau analysiert und treffend beschrieben: »Er (der französische Chauvinist) konnte ein unglaubliches Vokabular der Großsprecherei ersinnen und versuchen, die ganze Nation mit ›Gloire‹ und ›Grandeur‹ besoffen zu machen; aber er hat niemals behauptet, daß Menschen französischer Abstammung, die in einem anderen Lande geboren und erzogen, ohne Kenntnis der französischen Sprache und Kultur, nur dank mysteriöser Qualitäten ihres ›Blutes‹ Stammesfranzosen seien . . . Psychologisch gesprochen, ist der Unterschied zwischen dem verrücktesten Chauvinismus und diesem völkischen Nationalismus immer noch der, daß der eine sich immerhin mit der Welt und ihren greifbaren Realitäten beschäftigt, mit den faktisch vorhandenen Leistungen der Nation auf allen Gebieten, während das Völkische selbst in seiner harmlosesten Form (etwa in der deutschen Jugendbewegung) sich nach innen richtet und anfängt, die menschliche Seele als ›Verkörperung‹ allgemeiner Stammeseigenschaften anzusehen; und da die Seele nicht etwas sein kann, was ›verkörpert‹, findet man seine Aushilfe im ›Blut‹, in welchem sich offenbar Körper und Seele ein Stelldichein geben sollen« (Bd. 2, S. 163).

Analog zum völkischen Trick, die Existenz einer real nicht vorhandenen Nation einfach dort zu behaupten, wo man nicht nachschauen kann, nämlich im Innern – analog dazu also zentriert sich der friedensbewegte Patriotismus um Vokabeln wie Nationalgefühl, Heimatgefühl, Nationalbewußtsein oder nationale Identität, das heißt, um Begriffe, die zunächst harmlos klingen, weil die konditionierten Warnreflexe nur auf rechtsradikale politische Forderungen, Gebietsansprüche und Parolen reagieren. Im Unterschied zum Rechtsradikalismus der *Nationalzeitung* etwa, welche sich redlich müht, die deutsche Geschichte umzulügen, streitet der neudeutsche Nationalismus die historischen Tatsachen nicht ab, aber nur deshalb nicht, weil historische Tatsachen in seinem Konzept nur die sonderbar schemenhafte Rolle von Ereignissen spielen, wie man sie im Zustand der Bewußtseinsspaltung zwischen Bewußtlosigkeit und Erwachen zwar registriert, ohne jedoch die Wahrnehmung in eine Beziehung zur eigenen Person setzen und auf sie reagieren zu können. Anders als die

Rechtsradikalen meidet der neudeutsche Nationalismus plumpe Geschichtsklitterung, um die nie dagewesene Nation als historisches Faktum vorzutäuschen, sondern er setzt sie stillschweigend einem unveränderlichen Streben und Sehnen gleich, welches sich in der wirklichen Geschichte weder blamieren noch bewähren konnte, weil es von der Geschichte nämlich stets nur verfälscht, überlagert und unterdrückt worden war und deshalb im Kern, den es nun wiederzuentdecken und freizulegen gilt, von allen historischen Niederlagen und Verbrechen unberührt geblieben ist. Gewiß habe Deutschland zwei Weltkriege angezettelt, sechs Millionen Juden ermordet und damit schwere Schuld auf sich geladen, würden die Neudeutschen sagen, aber nicht dieses Deutschland sei gemeint, sondern ein anderes, welches unter jenem gerade am schwersten gelitten habe, ein Deutschland, welches erst noch werden soll und welches deshalb keine logisch zwingende, kontinuierliche geschichtliche Entwicklung in der Vergangenheit hatte, sondern nur einzelne Figuren, um welche sich die Legenden ranken.[4] So wurde Johann Georg Elser erst in dem Augenblick auf der Bühne und in der Literatur gesellschaftsfähig, wo er als Nationalheld des neuen Patriotismus diesen stützen konnte.[5] Als es noch Terroristen gab und Elser im Zweifelsfalle wohl eher diese gestützt hätte als das Vaterland, wurde nicht von ihm gesprochen.

Das somnambule, paralysierte Verhältnis dieses neuen Nationalismus zur historischen Realität ist die Voraussetzung dafür, daß er sich paradoxerweise als Friedensbewegung konstituieren kann, ohne den Widerspruch im mindesten zu begreifen. Stets nämlich war es der beabsichtigte, der drohende oder der bereits in vollem Gange befindliche Krieg, der Menschen, die sonst Arbeiter, Kleinbürger, Frauen, Männer waren, das Gefühl gab, sie seien Deutsche, Engländer, Franzosen. Und bis hin zum friedensbewegten Patriotismus dieser Tage, welcher von genau der unterstellten *besonderen* atomaren Bedrohung Deutschlands durchs Ausland, durch die Supermächte zehrt, die er abwenden will, hat in der Vergangenheit noch jeder Nationalismus die Konfrontation gesucht und gefunden, die er als Existenzbasis brauchte.

Nicht, daß sich für den Nationalstaat überhaupt keine Gründe erfinden ließen, obwohl sie mittlerweile tausendfach von der Geschichte widerlegt worden sind. Tatsächlich ist er ein Resultat der bürgerlichen Befreiungsbewegungen gewesen, tatsächlich war er einmal der äußere Rahmen für die Emanzipation der Bourgeoisie, für bürgerliche Freiheiten, für Parlamentarismus und Menschenrechte, für all die Dinge also, die er dann später wieder aufgefressen hat. Dem Frieden aber hat der Nationalstaat noch nie

gedient, und nicht einmal seine frühen Apologeten und Erfinder, die noch Illusionen haben durften, haben dies behauptet. Schon Rousseau erkannte im äußeren Feind den Garanten für die innere Einheit der Nation und ging dann, wie Hannah Arendt schreibt, einen Schritt weiter: »Ihm genügte der äußere Feind als das die Nation einigende Prinzip nicht mehr, er wollte, daß die Einheit und Einmütigkeit aus der Nation selbst aufsteige und so auch in der Innenpolitik wirksam werde. Das hieße aber, daß er den gemeinsamen Feind, der die vielen in Eins zwingt, im Land selbst entdecken mußte, und seine Lösung des Problems besagte, daß der allen gemeinsame Feind im Innersten jeden Bürgers existiere als dessen Einzelwille und Eigeninteresse . . . In der Rousseauschen Konstruktion braucht die Nation nicht mehr auf den Feind zu warten, der die Landesgrenzen bedroht, um sich ›wie ein Mann‹ zu erheben und die ›union sacrée‹ zu vollziehen; die Einheit der Nation ist dadurch garantiert, daß jeder Bürger den Landesfeind in seiner eigenen Brust trägt und mit ihm auch das Allgemeininteresse, das nur der gemeinsame Feind wecken kann. Denn der allen gemeinsame Feind ist das Einzelinteresse und der Eigenwille eines jeden.« (Über die Revolution, S. 98 f.)
Der gemeinsame Feind als Einzelinteresse und Eigenwille eines jeden? Das kennt man schon. Wir blättern zurück, um noch mal die Passage über Henning Eichberg und sein Verhältnis zu Süßigkeiten zu lesen. Und damit schließt der Text, mit einer Prognose über die nächsten zwei oder drei Schritte der Friedensbewegung.

Anmerkungen

1. Der Frieden ist keine Sache, die man wollen, machen, schaffen kann. Er ist, ganz im Gegenteil, ein Zustand, der eintreten mag, wenn kein Mensch mehr zwingende Gründe hat, seinen eigenen Willen gegen einen fremden Willen zu behaupten. Auch der unbezähmbare Friedenswille, von dem die westdeutsche Friedensbewegung sich besessen wähnt, ist nur ein anderer Name für die Entschlossenheit zum Kampf gegen wirkliche oder vermeintliche Friedensstörer. Im Unterschied aber zum Kampf für oder gegen politische, ökonomische oder materielle Interessen ist der Friedenskampf ein Glaubenskrieg, ein Krieg für den Sieg des Guten über das unverbesserliche, unbelehrbare Böse und Schlechte. Wer etwa mein Geld oder meine Macht will, will beides aus dem gleichen Grund, weshalb ich es ihm nicht freiwillig gebe. Er ist mein Gegner, vielleicht mein Feind, aber ein Mensch wie ich, selbst dann, wenn er mich angreift und tötet, denn er hat aus begreiflichen

Motiven gehandelt. Wer aber Krieg nur um des Krieges willen will, ist kein Mensch wie ich, sondern ein abartiger, bösartiger Untermensch. Ihm Teilhabe an Macht, Geld und Einfluß anbieten zu wollen, wäre vergeblich, denn das will er nicht, sondern er will Krieg. Man muß ihn ausmerzen, vernichten, töten, wenn man den Frieden retten will. Im Friedenskampf steckt, weil er nur zwischen friedenswilligen und nichtfriedenswilligen Menschen unterscheidet, ideell schon sein Gegenteil, nämlich der totale Krieg. Die Begriffe ›Friedensbewegung‹ und ›Friedenswille‹ könnten der Neusprache in Orwells »1984« entstammen. Darum sind sie von den Berufspolitikern so begierig aufgegriffen worden.
So kann man zwar für Freiheit und Gerechtigkeit und gegen Ausbeutung, Unterdrückung, Hunger und Folter streiten in der Hoffnung, es träte danach Frieden ein. So kann man Abrüstung in allen Spielarten fordern, den Verzicht auf einen drohenden oder das Ende eines schon begonnenen Krieges. Nur für den Frieden kann man weder kämpfen noch streiten, man kann ihn weder machen noch schaffen, und wer solches behauptet, setzt sich dem Verdacht aus, daß er etwas ganz anderes meint.

2. Darum geht es zum Beispiel Werner Herzog, wenn er Peter Schneiders neuestes Buch zum Trend, ›Der Mauerspringer‹, rezensiert und schreibt: »Wie können wir Deutschland retten, dieses Land, das im Abgrund der Geschichte zu verschwinden droht. Bevor es also endgültig zum Niemandsland wird, wie etwa Holland, dieses langsame Land, das am Saum des Waldes angelangt ist, in dem das große Vergessen wohnt. Oder ist für Deutschland das Schicksal Österreichs unvermeidlich, dieses reduzierten Staates, der nach einer großen geschichtlichen Existenz jetzt in die Raserei eines um so wilderen Nichts verfallen ist?« (*Spiegel* 21/82, S. 210) Natürlich ist Herzog kein autorisierter Sprecher der Friedensbewegung, und ob er sich auch nur für einen Anhänger dieser Bewegung hält, ist mir nicht bekannt. Das ist in diesem Zusammenhang auch völlig unerheblich, weil es hier nicht um die Fahndung nach personellen Querverbindungen einer kriminellen Vereinigung geht, sondern um die ideologische Tendenzwende in der BRD, welche sich in den Forderungen und Wünschen reflektiert. Daß Herzog seine Großmachtträume denken, aussprechen, schreiben und im *Spiegel* erscheinen lassen kann, ist Ausdruck desselben kollektiven Bewußtseinswandels, auf dem die Friedensbewegung basiert. Was Herzog nun schreibt, hätte vor Jahren kein Intellektueller auch nur zu denken gewagt. Was damals ängstigte, war nicht der Niedergang Deutschlands, sondern sein kometenhafter ökonomischer und politischer Wiederaufstieg, der nach allem Vorangegangenen nur zu beweisen schien: Es gibt in der Geschichte keine Gerechtigkeit. Ein Land wie Holland zu werden, wo die Deportation der Juden von einem Generalstreik der Bevölkerung behindert wurde, mochte damals für Intellektuelle, die in nationalen Kategorien dachten, ein stiller Wunsch gewesen sein. Wenn Herzog nun laut die Sorge äußert, daß Deutschland das Schicksal Hollands bevorstehen könnte, ist dies um so aufschlußreicher, als

Herzog nicht irgend jemand ist, sondern ein erfolgreicher Filmregisseur, ein Mann also, dessen Beruf es ist, für kollektive Phantasien, Ängste, Wunschbilder empfindlich zu sein. Nicht nur der Film ist ein Medium, auch der Regisseur ist eines, und Herzog ist offenbar ein besonders begabtes. Er stellt die Verbindung zu jenen Seelenschichten der Friedensbewegten her, welche die Friedensbewegten selbst noch nicht kennen.

3. Cf. dazu Adorno, Minima Moralia, Nr. 67: »Keiner, der die ersten Monate der nationalsozialistischen Herrschaft 1933 in Berlin beobachtete, konnte das Moment tödlicher Traurigkeit, des halbwissend einem Unheilvollen sich Anvertrauens übersehen, das den angedrehten Rausch, die Fackelzüge und Trommeleien begleitete. Wie hoffnungslos klang nicht das deutsche Lieblingslied jener Monate, ›Volk ans Gewehr‹, in der Passage Unter den Linden. Die von einem Tag zum anderen anberaumte Rettung des Vaterlandes trug den Ausdruck der Katastrophe vom ersten Augenblick an . . . Am Anfang des deutschen Imperialismus steht die Wagnersche Götterdämmerung, die begeisterte Prophetie des eigenen Untergangs.«
Mustergültig in diesem Sinne auch das Nazilied: »Wir werden weiter marschieren/Wenn alles in Scherben fällt/Denn heute gehört uns Deutschland/Und morgen die ganze Welt.« Im nationalen Aufbruch steckt hier stets der Vorgeschmack auf den Weltuntergang.

4. So argumentierte z. B. Hilmar Zschach in der *taz* vom 14. 5. 82 in seinem Kommentar zu den Urteilen im Brokdorf-Prozeß. Zschach erwähnt zunächst die braune Vergangenheit des schleswig-holsteinischen Landtagspräsidenten, Helmut Lembke, und schreibt dann: »Dennoch ist er nicht charakteristisch für uns Schleswig-Holsteiner: Die Bewohner des Alten- und Pflegeheims Eckernförde, die ihn nur das ›Faschistenschwein‹ nennen, geben mir das Recht, mich auf ihre antifaschistische Tradition zu berufen. Ich weiß, daß ich ein Land liebe, in dem ein Mann Bundespräsident ist, der nicht nur organisierter Faschist war, sondern heute seinen Mit-PGs und ihren gemeinsamen Idealen die Treue hält. Ich weiß, daß in diesem Land ein Bundeskanzler regiert, der die Friedensbewegung der Kriegshetzerei bezichtigt. Aber ich weiß auch, daß das nicht das ganze Deutschland ist. Denn ich lasse mich nicht abbringen, davon zu reden, daß es immer noch ein anderes Deutschland gibt.« In vielerlei Hinsicht sind diese Zeilen höchst aufschlußreich. Der Landtagspräsident mit der braunen Vergangenheit ist »nicht charakteristisch für uns Schleswig-Holsteiner«. Er gehört also nicht zu uns. Ein Ausländer? Den gleichen Trick benutzen die Rechtsradikalen, wenn sie Deutschlands Weste von roten Flecken säubern. Die Linken gelten dann als Agenten des Bolschewismus, und in der Regel nimmt man an, daß es sich um Juden handelt. Die gemeinsame völkisch-nationalistische Basis bringt Linke und Rechte dazu, einander undeutsche Umtriebe vorzuwerfen. So irrational, wie die Kontroverse dann geworden ist, so mörderisch sind auch ihre potentiellen Konsequenzen. Es geht eigentlich darum, den Volkskörper

von volksfremden Elementen zu säubern, damit endlich das andere, das wahre Deutschland erscheine. Unter dieser Voraussetzung ist es gleichgültig, ob die ›Antifaschisten‹ oder die Faschisten gewinnen, denn die Verlierer werden allemal Leute sein, die keine Lust haben, sich Deutsche zu nennen.

5. Zum Zwecke der Ehrenrettung der Nation wird neuerdings häufig ›der Widerstand‹ bemüht. Dazu ein klärendes Wort: Wenn man unter Widerstand das versteht, was der Verfassungsschutz und die Strafverfolgungsbehörden darunter verstehen, nämlich Widerstandshandlungen einzelner Personen und Gruppen, dann hat es in Deutschland Widerstand gegeben. Wenn man unter Widerstand das versteht, was in Italien, Holland, Frankreich geschehen ist, dann hat es in Deutschland keinen Widerstand gegeben. Hier gab es nur einzelne, teils wahrhaft heldenmütige Aktionen vereinzelter Personen und Gruppen, die weder auf Resonanz bei der Bevölkerung stießen, noch repräsentativ für sie waren. Es ist nicht nur falsch, sondern auch moralisch verwerflich, daß man vereinzelte, vereinsamte und von der großen Mehrheit der Deutschen damals zu Tode gehetzte Menschen heute dazu benutzt, das Deutschlandbild aufzupolieren. Sie haben auf eigene Rechnung und eigenes Risiko gekämpft. Den moralischen Gewinn aus dem Opfer will heute die ganze Nation einkassieren, die damals zuschlug oder zusah. So behandelt man in Deutschland die Toten.

Eine Nation wird geboren

Schlanke, schlaksige, schmalhüftige Halbwüchsige mit scharf geschnittenem Gesicht, die Beine in engen Röhrenhosen, schulterlanges Haar, treten nur noch vereinzelt auf. Statt dessen beherrschen nun geräumige Latzhosen, leichte Bauchansätze und etwas teigig gewordene Gesichter die Szene. Wir befinden uns in der zweiten Hälfte der 70er Jahre, allenthalben klagen Bekannte über plötzliche Gewichtzunahme, zum Frühstück gibt's Müsli und Gesundheitserde, auch zu den übrigen Mahlzeiten viel schlackenreiche Kost. Ums deutsche Fräuleinwunder ist es längst geschehen, Miniröcke, knappe Shorts, Hot pants und die Mädchen, die das tragen können, sind verschwunden. Statt dessen umwabbern nun wallende Wickelröcke schwellende Leiber. Das Fleisch braucht Lebensraum, die Nähte platzen. Die Antwort der Mode auf dieses neue Körpergefühl ist der Schlabber-Look. Manche ziehen sich einfach aus. Da stehen sie nun, nackt, rundlich, konturenlos, viel zu groß, wie Riesenbabys: Jungdeutschland, die eben wiedergeborene Nation.

Noch weiß das niemand. Wer gerade zur Welt gekommen ist, weiß nicht, wer er ist, seine Eltern wissen es auch nicht. Das Kind muß erst zum Manne werden, damit man dann rückblickend feststellen kann: Damals wurde Napoleon geboren. Schon in der Kinderstube freilich zeigen sich die Anlagen, Begabungen und Talente, man kann erkennen, nach wem der Bengel schlägt. Oft sind die Eltern dann enttäuscht, der Sprößling ähnelt weder Papa noch Mama. Nur der Großvater lächelt glücklich, wenn er sich über die Wiege beugt: dieselbe Mundpartie, dieselbe Nase. So war es auch diesmal.

Indiskretionen beim Blick in die Kinderstube sind nicht zu erwarten. Kein scheuer Einzelgänger, kein melancholischer Jüngling, der seinen Weltschmerz genießt, kein verträumtes junges Mädchen, aber auch keiner, der wie ein Rasiermesser durch die Gegend rennt, also niemand, den man belauschen könnte, weit und breit. Gefühle haben offiziell zwar Hochkonjunktur, aber niemand schließt sie in seinem Herzen ein, sie werden nicht der Verschwiegenheit eines guten Freundes oder dem Tagebuch anvertraut, sondern die einzelnen verhalten sich zu ihrem Innern wie ein medizinischer Früherkennungstest oder ein militärisches Frühwarnsystem: Wenn sie glauben, etwas gefunden zu haben, eilen sie damit schnell an die Öffentlichkeit oder zumindest in die Gruppe, wo die Gefühlskeime, wenn es denn welche waren, im Rampenlicht verdorren. Am Anfang sind Freude, Schmerz, Trauer, Lust, Hoffnung, Verzweiflung, Liebe, Angst, Haß usw. weder voneinander noch von einer Magenverstimmung, leichtem Kopfdrücken, einer beginnenden Grippe oder körperlichem Wohlbefinden klar zu unterscheiden, man spürt nur, daß sich irgend etwas regt, und ob daraus eine Melancholie, eine Erkältung oder gar nichts wird, zeigt sich erst später. Gefühle, das vegetabilische Element in der Wildnis des menschlichen Seelenlebens, sind Schattengewächse, sie scheuen den Platz an der Sonne, sie brauchen die schummrigen Ecken. Treten sie ganz aus dem Dämmerlicht heraus, so sind sie bereits keine Gefühle mehr, ähnlich den Blüten, die sich nur nachts öffnen und die man nie im strahlenden Sonnenschein bewundern kann, weil sie sich dann schließen. Wenn Tausende öffentlich erklären, daß sie Angst haben, dann ist Angst kein Gefühl mehr, sondern ein Propagandawort. Das Zwielicht, fast könnte man sagen: die Baratmosphäre, in der weder wir selbst noch die anderen unsere Gefühle genau erkennen können, entsteht, wenn die Scham unser Wahrnehmungsvermögen dämpft. Doch diese Generation schämt sich nicht, sie mag Luft, Sonne und Freikörperkultur, aber keine Heimlichtuerei, ›ehrlich‹ ist eines ihrer am meisten benutzten Füllwörter im Gespräch geworden. Man hat keine Geheimnisse, vor sich selber nicht und nicht vor einander, also können die Augen, ein verschämter, ein koketter oder herausfordernder Blick, eine gewisse Haltung des Kopfes, kleine Gesten oder ein bestimmter Gang auch keine geheimnisvollen Freuden versprechen, derer man teilhaftig wird, wenn man sich verleiten läßt. Rassistisch oder nicht, und vielleicht irrt der Rassismus nur in dem einen Punkt, daß er wilde Stämme und barbarische Völker für den Beginn großer Zivilisationen, und nicht, wie Schelling und de Maistre dies taten, für ihr Ende, für ihre Überreste hält: Jedenfalls ist es wahr, daß man die Landsleute im Ausland, noch bevor sie den Mund aufmachen, an den Augen erkennt, natürlich nicht wie im Kitschroman an der Farbe, eher daran, daß Pupille und Regenbogenhaut starr gegeneinander abgesetzte konzentrische Kreise bilden und weder miteinander noch mit dem Augapfel und den Wimpern zum Blick verschmelzen. Diese Augen enthüllen nichts, aber sie verbergen auch nichts, weder ist der Blick nach innen gekehrt, noch fällt er nach außen. »Die Gesichter der Deutschen lassen sich nicht mehr lesen«, stellte Joachim Schumacher 1937 fest, als er die physiognomische Gleichschaltung beschrieb, und dem ließe sich, die Gesichter von heute betreffend, hinzufügen: Verschlossen oder abweisend sind sie deshalb noch lange nicht, nicht also einfach maskenhaft oder versteinert, und obwohl man den Versuch, das treffende Wort zu finden, schließlich erfolglos abbrechen muß, wären ›unergründlich‹ oder ›rätselhaft‹ genau die Vokabeln, die am weitesten daneben träfen. Vielleicht ist es gerade die Banalität der Gesichter, ihr Mangel an Inspiration, der die Beschreibung erschwert, weil ohne diese Inspiration ein Gesicht kein Gesicht und ein Auge kein Auge ist, sondern für den wahrnehmenden Betrachter nur ein Datenbündel, welches der gereizte Sehnerv ins Gehirn schickt, wo Farben, Formen und Oberflächenstrukturen daraus werden, aber kein Blick, kein Gesicht. Viel leichter als dieses Dekompositionsphänomen selbst lassen sich seine Wirkungen beschreiben. Der Blick besitzt die auratische Kraft, den mit ihm begabten Menschen auf schwer definierbare Weise zu verhüllen, auch spärlich bekleidet sieht Brigitte Bardot nie aus, als ob sie auf dem Seziertisch im Leichenschauhaus läge, während genau dies der Anblick ist, den deutsche Sonnenanbeter bieten, wenn sie wie im Koma an südlichen Stränden liegen. Gewiß reizt beim Striptease nicht einfach der nackte Körper, der sich ja anderswo viel gründlicher und bequemer betrachten und studieren ließe, zum Beispiel in der Anatomie, und vielleicht ist es gerade die Metamorphose, daß die Kleider verschwinden und der Mensch trotzdem nicht als armselige, erbärmliche Kreatur vor uns steht, nackt und bloß, deshalb nämlich, weil seine Kleider sich wie durch Magie in Blicke und Gesten zurückverwandelt haben, vielleicht ist es solche Hexerei, die das Publikum verzaubert und fesselt. Vielleicht ist das Märchen von des Kaisers neuen Kleidern und seine Moral, wonach der Dumme der Kluge ist, doch eine sehr deutsche Konstruktion, vielleicht hätte der Lümmel woanders für seine Indiskretion eine Maulschelle gekriegt, und man hätte ihm klargemacht, daß es Menschen gibt, die nicht viel anzuhaben brauchen, um angezogen zu wirken. Vielleicht haben die Menschen erst in dem Augenblick begonnen, sich zu kleiden, wo von der vielen Arbeit und vom Alter die Augen zu müde und die Gesten zu matt geworden waren, um allein noch die auratische Kraft zu entwickeln, welche den Körper verhüllt und beseelt, welche die Tabus setzt, die es verbieten, den menschlichen Körper als Anhäufung von Fleisch und Knochenmasse zu betrachten und zu behandeln, jene Tabus, die mit der Vorstellung verflochten sind, daß der Mensch eine göttliche Herkunft besäße und daß er mit den unsterblichen Göttern oder dem Gott verwandt und verbunden sei durch seine ihn überdauernde Seele, wobei freilich, da das Wort ›Seele‹ hier einen seifigen Klang hat und leicht zu Mißverständnissen führt, stets mit Adorno bedacht sein will: »So ist menschlich gerade der Ausdruck der Augen, welche denen des Tiers am nächsten sind, der kreaturhaften, fern von der Reflexion des Ichs. Am Ende ist Seele selber die Sehnsucht des Unbeseelten nach Rettung.« Ein schöner Gedanke, fast ein Stück Poesie, die ihre klirrende Logik und ihre analytische Schärfe dann offenbart, wenn man ihren Wahrheitsgehalt mit Blick auf Jungdeutschland überprüft: Vergeistigt, beseelt oder auch bloß zivilisiert oder wohlerzogen sieht diese Generation bestimmt nicht aus, aber noch viel weniger besitzt sie das, was man gemeinhin für das Gegenteil von Vergeistigung und Beseeltheit hält, nämlich den animalischen Charme kleiner Tiere, nicht mal die Kinder besitzen ihn hier, und so bestätigt diese Generation, insofern sowohl der träumerisch nach innen gekehrte Blick als auch die funkelnde, blitzende Gier und Lust in den Augen ihr fehlen, negativ Adornos Ahnung, daß beide zusammengehören. Vielleicht weil hier nur die Hunde so schauen können, als ob sie eine menschliche Seele besäßen, ist die Tierliebe in Deutschland so populär geworden, vielleicht wurde aus demselben Grund in letzter Zeit das Wörtchen ›tierisch‹ zum Superlativ für erregende Vorgänge, vielleicht nur deshalb, weil hier die Menschen so wenig kreatürlich und animalisch sind, kennen sie auch modische Eleganz nur aus zweiter Hand, denn Schmuck und Kleidung können die auratische Kraft des Blickes und der Gebärden zwar unterstützen, aber nicht ersetzen. Man merkt dies sofort, wenn eine Person mit einem Hut aus Paris und in einem reizenden Kostüm erscheint, welches ihr nur überhaupt nicht steht, und aus der bitteren Erfahrung dieser Generation, daß ihr gar nichts steht, weder der bodenlange Wickelrock noch die Röhrenhose, weder der taillierte italienische Anzug noch das Cordsamtjackett, dürfte allmählich die resignative Einsicht entstanden sein, daß alle Mühe vergebens ist, daß es dann, wenn der an die ursprüngliche Bedeutung der Kleider erinnernde Blick einmal erloschen ist, niemanden mehr kümmert, ob man Parka oder überhaupt nichts trägt. Und so entsteht eine Szene, die der im Märchen von des Kaisers neuen Kleidern beschriebenen ähnelt, nur ist es gerade umgekehrt: Nicht daß da keine Kleider wären, wo man welche zu sehen glaubt, sondern Stoff ist genug vorhanden, nur bemerkt man ihn nicht, er kann die Blöße nicht verdecken, man sieht hindurch. Am Gesicht dieser Generation, an ihrem Blick werden alle modischen Bemühungen zuschanden, die Jungdeutschen mögen sich kleiden oder kostümieren, wie sie wollen, sie sehen immer aus wie am Nacktbadestrand, und wahrscheinlich deshalb bevölkern sie ihn so zahlreich, es gibt keinen anderen Grund.

Weil menschliche Triebe und Begierden sich seit Evas Griff nach der verbotenen Frucht an den Tabus entzünden, bewirkt der Verlust der »falschen Scham, der Heuchelei gegenüber den natürlichen Lebensvorgängen«, wie eine 1936 erschienene NS-Broschüre es einmal formulierte, eine allgemeine Lustlosigkeit. Ganz unverkrampft und entspannt sei, wie väterliche Beobachter lobend konstatieren, das Verhältnis der Geschlechter geworden, also nirgends schwüle erotische Gewitterstimmung, in der die Blitze zucken und die Funken überspringen können, seltsam eunuchenhaft, kastriert und sterilisiert wirkt nicht nur das äußere Erscheinungsbild, sondern auch das Gebaren dieser Generation. »Wer's nicht mehr kann«, fällt man unter einfachen Menschen jenen älteren Männern ins Wort, die gerne mit Dreckwitzen protzen, »muß viel darüber reden«, und deshalb wurden Lust und Sinnlichkeit vorübergehend zu Modethemen. ›Zärtlichkeit‹ hieß das neue Zauberwort, doch konnte man sich, wenn es erklang, nie ganz der Vorstellung von einer phlegmatisch und fett gewordenen alten Katze erwehren, die einem um die Beine streicht, weil Tiere, denen man das triebhafte Interesse an ihresgleichen operativ entfernte oder die es im Alter verloren haben, eine besondere Hinwendung zum Menschen zeigen, der ihnen mit seinen Streicheleinheiten jene Form von Liebe schenkt, an der allein sie noch Gefallen finden können, und vielleicht weil das Liebesbedürfnis dieser Tiere und die Liebesfähigkeit der Jungdeutschen zueinander paßten, traf man plötzlich in Wohngemeinschaften so viele Katzen und später auch Hunde an. Vielleicht aus demselben Grund begann man schließlich, die Heimat, die Erde und das Vaterland zu lieben, deshalb nämlich, weil die Natur dieser Dinge dem menschlichen Liebesverlangen ohnehin die Grenzen setzt, die Jungdeutschland nicht zu überschreiten gedachte. Er liebe seine Frau, konnte Heinemann auf die Frage, ob er sein Vaterland liebe, noch hochnäsig entgegnen, aber das war noch die alte Sinnlichkeit, nicht die neue, das war vor der Frauenbewegung und dem Geschlechterkampf.

Phlegmatisch und jovial ist der Operetten-Eunuch einerseits, andererseits aber zänkisch und tückisch, so demütig und unterwürfig, wie er seines Defekts wegen erscheinen muß, fühlt er sich natürlich nicht, vielmehr glimmt und schwelt ein verhaltener Ehrgeiz in ihm, und wenn er dann schwabbelig-wabbelig insgeheim vor den Spiegel tritt, um Pläne zu schmieden und sich schön zu machen, gibt es jedesmal einen großen Lacher. Wie ein Baby, nur nicht mit dessen narzißtischer Lust, sondern mit dem hypochondrischen Interesse des Erwachsenen, stets altjüngferlich-närrisch und beleidigt zugleich, betrachtet, befühlt, betastet und

untersucht er seinen Körper, aber er wird nicht froh dabei, nur die Zuschauer lachen.
So wäre es auch Jungdeutschland ergangen, wären Zuschauer übriggeblieben, aber die Kleinkunst und das Mitspieltheater waren gerade in Mode, und so hat niemand zugesehen, alle haben mitgemacht. Das war die neue Körperlichkeit, ein altes Übel, so alt wie die ungeheizten Schlafzimmer und die dieser ausufernden Körperlichkeit angemessenen, furchteinflößenden, übermächtigen Ehebetten, aus denen die Gatten sich eines Tages erheben, um einander Vati und Mutti zu nennen, meist dann, wenn der erotische Reiz ganz jener familiären Vertrautheit gewichen ist, die sich im Witzblatt bekanntlich so darstellt, daß Mutti schon mit der Bratpfanne oder mit dem Nudelholz hinter der Türe lauert, wenn Vati besoffen in die gute Stube torkelt. So wehrlos, wie die Feministinnen meinten, daß die Frauen ohne den Feminismus wären, waren die Frauen nämlich noch nie, und während sie sich ducken, mögen sie sich mit dem Sprüchlein ›wer zuletzt lacht, lacht am besten‹ trösten, denn sie werden ihre Männer überleben, und vorher, im Alter, werden alle von den Männern in der Jugend erlittenen Demütigungen mit Zinsen zurückgezahlt. Für diese Form der Rache gibt es sogar einen Fachausdruck, er heißt ›Altersmatriarchat‹.
Was sich liebt, das neckt sich, oder umgekehrt, pflegt man zu sagen, und in der Tat entsteht oft schlimmer Streit daraus, daß Menschen lieben oder geliebt werden wollen und temporär weder die Liebe noch deren Erwiderung erzwingen können. In gesitteten Gemeinwesen bringen nur Leute, die sich nahestehen, einander um, die Fremden läßt man in Frieden, hier ist es eher umgekehrt. Wahrscheinlich nicht nur der Verhältnisse wegen, sondern weil es ganz einfach unmöglich oder im besten Falle langweilig wäre, einander dauernd mit gleicher Intensität zu lieben, ist die jäh aufschäumende Wut im Verhältnis der Geschlechter so alt wie diese, aber erst Jungdeutschland hat das Kunststück fertiggebracht, diese jäh aufschäumende Wut kleinzustellen und dann auf kleiner Flamme weiterzukochen. Das Interesse von Eunuchen beiderlei Geschlechts am Dauerzank, ihre Berührungsangst erst hat die wütenden Hiebe, die atemberaubenden Flüche, Schimpfwörter und Beleidigungen, die sich durch ihre Maßlosigkeit schon selber ins Unrecht setzen, bevor es ein anderer tut, durch wohldosierte, wissenschaftlich drapierte kleine Nadelstiche ersetzt, auf daß der Streit so rechthaberisch, kalt und gehässig geführt werde, daß er nie enden möge, wofür übrigens auch sein fiktiver Charakter garantiert, denn die Frauen in den Frauengruppen haben die Männer exakt jener Verbrechen bezichtigt, die zu

begehen die Männer, wie sie nun in ihren Gruppen klagten, nicht mehr die rechte Kraft besaßen. Erst Jungdeutschland hat den hitzig aufbrandenden Streit in einen zähen Stellungskreig verwandelt, der sich institutionalisieren und als Massenbewegung organisieren läßt, in einen Stellungskrieg, worin nicht zwei Personen als Kontrahenten sich gegenüberstehen, die aneinander hängen, die einander vielleicht umbringen, viel wahrscheinlicher aber einander irgendwann, wenn der Spuk vorbei ist, in die Arme fallen werden, nicht also zwei Liebende, und das können auch Freunde, Schwestern, Brüder sein, die unter den Schmerzen, die sie dem anderen zufügen, selber leiden, weil dieser ein Teil von ihnen ist, sondern zwei feindliche Lager, denen Verluste auf der Gegenseite gleichgültig sind, die deshalb keinen Grund zur Versöhnung haben und allenfalls Zweckbündnisse mit dem Gegner schließen können. Und daß es zu solchen Zweckbündnissen gekommen ist, beweisen die Kinder der Frauen, welche die Frauenbewegung hinter sich hatten und dann gebaren, in reiferen Jahren also, wo ein Kind dann keines der Liebe mehr ist, sondern eines der Angst vor dem Alter, kein Andenken an den selbstvergessenen seligen Augenblick, sondern ein Produkt der Familienplanung, ein Fruchtbarkeitsbeweis, eine Investition in die emotionale Altersversorgung dann, wenn man die Motive der einzelnen betrachtet. Und insgesamt sind diese Kinder vielleicht Resultat des Umstands, daß sich die Menschen noch immer, wie Marx im ›Kapital‹ schrieb, nach dem »Populationsgesetz schwacher, vielgehetzter Tierarten« vermehren, also unter ungünstigen, nicht nur den einzelnen, sondern die Art bedrohenden Bedingungen besonders fruchtbar sind und am fruchtbarsten wohl dann, wenn sie den Atomkrieg und den Weltuntergang in nächster Nähe wähnen.

Wem das Schicksal seiner Kinder am Herzen liegt, der müßte sich, wenn er den Atomkrieg so fürchtet wie die Friedensbewegten, davor hüten, welche zu kriegen, und also ist es nicht die Kinderliebe, welche bei den Mittdreißigern aus der Frauenbewegung und aus der Protestbewegung die Fruchtbarkeitsziffern heute in die Höhe treibt, sondern ein dumpfer Instinkt der Arterhaltung oder das Kalkül, daß viele Nachkommen gezeugt werden müssen, damit einige wenige überleben und nach dem Weltuntergang das ganze Elend noch mal von vorne beginnt.

Der dumpfe Arterhaltungsinstinkt, der nicht archaisch ist, sondern ein Vermächtnis der Einzeller, der Fische, der Frösche und anderer niederer Tiere, als Lenker der einzelnen gerade dort, wo sie besonders aufgeklärt, rationell planend und kalt berechnend erscheinen; ein barbarisches Triebfossil, jenseits von Lust und Schmerz noch, desinteressiert an den Kindern, interessiert nur am

Überleben der artspezifischen Biomasse als Wesenskern einer Erscheinung, die man für Mutterliebe hält, bis man erfährt, daß fortschrittliche Mütter ihre Babys in Stillgruppen tränken – aus solcher Untergründigkeit besteht Jungdeutschlands Tiefe, aus welcher diese Generation jene geheimnisvollen Kräfte schöpft, die zur Natur, zur Wiedervereinigung, zur Volkwerdung drängen. Denn die Feststellung, daß diese lustlose Generation weder den beseelten Blick noch animalischen Charme besitzt, bedeutet nicht, daß da gar nichts wäre, sondern wo die menschlichen Triebe, Gelüste und Begierden fehlen, treten an ihre Stelle andere Kräfte, wie beim Huhn, dem man den Kopf abschlug und welches nun, obwohl es keine Augen und kein Hirn mehr hat und weder schmecken noch hören kann und nichts mehr will, deshalb nicht etwa still zusammensackt, sondern flattert und zappelt. Doch während beim enthaupteten Huhn die vegetativen Zuckungen und Muskelreflexe das Ende bedeuten, bedeuten sie für die jungdeutsche Biomasse einen Neubeginn, denn solche Zuckungen und Reflexe sind die Bewegungen, welche das amorphe Gebilde strukturieren und formen. Und wie nach geheimem Plan entstehen allmählich Organe, die man zunächst für eine Laune der Natur halten könnte, die dann aber rückblickend, vom fertigen Resultat aus betrachtet, sich als sinnvolle Elemente des ganzen Organismus erweisen. Man konnte rätseln, warum die Jungen und ihre großväterlichen Gönner wandern gingen, warum sie so gern von der Heimat sprachen und warum ihnen Brokdorf und jeder Baum so sehr am Herzen lag, man konnte Vermutungen anstellen, man konnte ein Déjà-vue-Erlebnis dabei haben.

Wenn aber nun, drei Monate, nachdem Jungdeutschland bei der Bonner Friedenskundgebung vor pompöser Kulisse die festliche Taufe erhielt – damals wurde der neue Patriotismus gewissermaßen offiziell –, wenn also nun, drei Monate später, Augstein die Reaktionen auf die Zerschlagung der polnischen Befreiungsbewegung vergleicht und schreibt: »Die Bundesrepublik, jedenfalls die Mehrheit ihrer Bürger, behauptet sich als ein Hort der Vernunft, vorerst noch« (*Spiegel* Nr. 1/82, S. 24); wenn Henri Nannen in diesem Zusammenhang gegen ›heuchelnde Lumpen‹ wettert (*Stern* Nr. 2/82, S. 3) und diese heuchelnden Lumpen deshalb, weil es sie, wie Augstein ganz richtig bemerkt hat, in Deutschland nicht gibt, im Ausland, in Paris und Washington sitzen müssen; wenn Werner Holzer in der *Frankfurter Rundschau* (vom 7. 1. 82, S. 3) den Spieß nun umdreht und klagt: »Wir erleben vielmehr, wie einige der dümmlichsten antideutschen Vorurteile fröhliche Urständ feiern«; und wenn schließlich, um von der bundesdeutschen Meinungsvielfalt ein möglichst vollständiges Bild zu geben, Klaus

Hartung in der *taz* (vom 12. 1. 82, S. 3) gesteht: »Zum erstenmal habe ich *nicht* das Gefühl, mich für die deutsche Außenpolitik schämen zu müssen« – dann hat sich das Puzzlespiel von selber zusammengefügt, dann ist nun endlich offenbar geworden, was sich da über Jahre hinweg zusammenbraute, dann ist der Fall geklärt.

Wir Deutsche

»Alles auf Arbeit und Frieden für friedliche Arbeit gestellt . . . ER predigt Frieden, ER wirbt für Frieden, ER will das Ja Deutschlands nicht aus persönlichem Ehrgeiz, sondern nur um den Frieden schützen zu können gegen den Anschlag einer wurzellosen internationalen Clique von Geschäftemachern, die um ihres Profites willen skrupellos Millionenvölker aneinanderhetzen.«
Woher stammt dies Zitat? Es stammt aus dem Buch ›Lingua tertii imperii‹, einem Standardwerk über die Nazi-Sprache. Victor Klemperer, der Verfasser, beschreibt hier den Tenor einer vom Rundfunk übertragenen Propagandarede. Der Redner war Hitler. So sprach er am 10. November 1933, als die deutsche Wehrmacht noch schwach war.
Kein fairer Vergleich, keine taktvolle Anspielung, im Zusammenhang mit der deutschen Friedensbewegung von heute an die damaligen Friedensbeteuerungen zu erinnern. Aber der wiedererwachende Glaube, daß man selbst nur den Frieden wolle, während das Ausland, die internationale Clique oder die Supermächte den Frieden gefährden – dieser Glaube hat in Deutschland eine böse Tradition, und sie läßt sich nicht übersehen.
Und außerdem: Was heißt es schon, wenn man heute in Deutschland den Frieden will. Was sollte man sonst wohl wollen, wenn man weder die Macht noch die Mittel besitzt, einen Krieg zu führen. Wie sollte man keinen Frieden wollen, wenn man den Krieg nicht machen kann, sondern bloß erleiden. Warum also wird der selbstverständliche Wunsch so laut, so ostentativ, so aufdringlich propagiert, und warum wird für das nackte Interesse ein haushoher moralischer Überlegenheitsanspruch reklamiert? Weil man den Frieden will?
Oder geht es in Wahrheit um etwas ganz anderes? Man hat den Verdacht geäußert, daß die deutsche Friedensbewegung eine getarnte nationale Erweckungsbewegung sei, und für diesen Verdacht gibt es viele Indizien. Die Friedensbewegung fällt nicht nur mit dem Wiederaufleben von Brauchtumspflege, Heimatliebe, Blut-und-Boden-Gesinnung und Ausländerfeindlichkeit – vor allem gegen die Gastarbeiter – zusammen, sondern es wird ganz offen die Wiedervereinigung Deutschlands diskutiert und gefordert, und diese Forderung ist eine Schlußfolgerung, die logisch aus den Prämissen der Friedensbewegung resultiert: Wenn die Deut-

schen den Frieden wollen und das Ausland ihn gefährdet, dann muß der Einfluß des Auslands zurückgedrängt werden – zumindest der Einfluß des Auslands auf Deutschland. Kein Anspruch auf moralische Überlegenheit, der nicht irgendwann in politische Machtansprüche mündet. So friedliebend, wie die Deutschen geworden sind, wäre es nur recht und billig, wenn sie wieder Weltmacht würden.

Um diesen Verdacht zu zerstreuen, hat sich die deutsche Friedensbewegung nun mit einem ›Appell an das amerikanische Volk‹ an die Öffentlichkeit gewandt, der Ende Mai als Anzeige in der New York Times erschien. Dort hieß es kategorisch: »Unser Anliegen hat nichts mit einem ›neuen Nationalismus‹ zu tun, sondern dient der Sicherung des Friedens«. Eine kühne, aber keine originelle Behauptung in einer Zeit, wo angeblich alles und jedes nur um des lieben Friedens willen geschieht. Wer sich so wenig Mühe gibt, die gegen ihn vorgebrachten Verdachtsmomente anzuhören und zu prüfen, wer dermaßen überzeugt von sich selber ist – der wird es schwer haben, andere davon zu überzeugen, daß er zur Einsicht auch nur bereit und fähig ist, vor allem dann nicht, wenn er im selben Appell, zwei Sätze vorher, schreibt: »Wir Deutsche sind für zwei Weltkriege und die jetzige Teilung Europas, aber auch für erneutes Wettrüsten nach 1954 mitverantwortlich«. Mitverantwortlich? War Deutschland, als es 1939 die Tschechoslowakei und Polen überfiel, nur einer unter vielen Bösewichten? Selbst wenn die deutsche Friedensbewegung von dem unbezähmbaren Friedenswillen besessen wäre, den sie propagiert: Wer so wenig Einsicht in die begangenen Verbrechen und die Ursachen vergangener Kriege zeigt, der erweckt kein großes Vertrauen in seine Fähigkeit, künftige Kriege zu verhindern.

Bedeutsamer aber als die Aussage selber ist die Form, der Stil, ein Ton, gegen den man empfindlich geworden ist, wenn man in Deutschland lebt und die deutsche Geschichte kennt. »Wir Deutsche« – das ist eine Formulierung, die man nur schwer über die Lippen bringt, eine Formulierung, die man bislang so laut nur von unbelehrbaren Nationalisten hörte. »Wir Deutsche« – wir hätten Grund, etwas leiser zu sein. »Wir Deutsche« – wir müssen schon wieder ein sehr unbefangenes Verhältnis zu unserer Vergangenheit besitzen, wenn wir glauben, wir könnten mit den Amerikanern, von Volk zu Volk, reden. Selbst wenn die Friedensbewegung erklären würde: »Wir Deutsche haben zwei Weltkriege und Auschwitz verschuldet«, was wäre dann mit den Deutschen, die als Juden ermordet wurden? Was wäre mit den Emigranten und mit dem Widerstand? Gehören sie nicht zu »uns«? Max Horkheimer, ein Emigrant, der in den USA Zuflucht vor den Deutschen fand

und nach dem Krieg in die Bundesrepublik zurückkehrte, hat diesen Hang zum »wir« schon früh bemerkt und gefordert: »Immer wieder zu formulieren: das Schuldbekenntnis der Deutschen nach der Niederlage des Nationalsozialismus 1945 war ein famoses Verfahren, das völkische Gemeinschaftsempfinden in die Nachkriegsperiode hinüberzuretten. Das Wir zu bewahren, war die Hauptsache. Die Anderen sind nicht die Nazis, sondern die Amerikaner und der Widerstand.«
An diese Bemerkung knüpft Horkheimer die Schlußfolgerung an: »Das Wir ist die Brücke, das Schlechte, das den Nazismus möglich machte. Der Unterschied zwischen dem einzelnen und dem Kollektiv wird eingeebnet, wer ihn bewahrt, steht draußen, gehört nicht zu ›uns‹. Wer in der Politik und vielen anderen Sparten von sich selbst spricht und die Landsleute als ›sie‹ bezeichnet, erscheint, auch wenn die Hörenden es nicht realisieren, ihnen als Verräter – nur im Zufallsfall als anständiger Mensch.«
So berichtet die Public Relations-Anzeige der deutschen Friedensbewegung dem, der den Text zu lesen versteht, von einem immer stickiger und intoleranter werdenden innenpolitischen Klima in Deutschland. Wie gründlich müssen die Deutschen ihre Vergangenheit verdrängt und vergessen haben, wenn sie als »wir Deutsche« der amerikanischen Friedensbewegung den Vorschlag machen, gemeinsam dafür zu sorgen, daß »diese Welt für uns und unsere Kinder eine menschliche Heimstatt bleibt«. Wie stark müssen sie sich wieder fühlen, wenn sie der amerikanischen Friedensbewegung den in die Form einer Bitte gekleideten Einsatzbefehl erteilen, »sich bei ihren Kundgebungen ebenso unmißverständlich für die Aufhebung des NATO-Doppelbeschlusses zur Stationierung neuer Mittelstreckenraketen in Europa einzusetzen«.
Wie wenig auch müssen sie von der Geschichte verstanden haben, wenn sie glauben, daß Deutschland seinen Untergang als Nation noch vor sich hat. Um Deutschlands Sieg oder Untergang als Nation – nicht als Bevölkerung – ist es in den zwei vergangenen Weltkriegen gegangen. Beim nächsten geht es nicht mehr um Deutschland, sondern um den Bestand der Menschheit.

Folgende Texte aus diesem Band sind bereits separat erschienen:

Liebe und Geld bei Balzac in *Literatur Konkret 1981*
Die Macht des Schicksals teilweise in *Konkret 7/81*
Die schweigende Mehrheit . . . in *Konkret 4/81*
Mut zur Zukunft in *die Tageszeitung, 28. 10. 81*
Der Weg des ›Kursbuchs‹ in . . . in *Literatur Konkret 1980*
Eine Zukunft für die Vergangenheit teilweise in *Konkret 9 und 10/81*
Ein Volk, ein Reich, ein Frieden in *die Tageszeitung, 9. 10. 81* und *Die Zeit, 30. 10. 81*
Die Angst der Deutschen in *die Tageszeitung, 27. 5. 82*
Havemanns offener Brief und . . . in *die Tageszeitung, 28. 10. 81*
Deutsche Friedensmahner, polnischer Widerstand in *die Tageszeitung, 7. 1. 82* und *Kuckuck 33/34*
Eine Nation wird geboren in *Kuckuck 33/34*

Kursbuch im Rotbuch Verlag

Das Kursbuch wird herausgegeben von Karl Markus Michel und Tilman Spengler unter Mitarbeit von Hans Magnus Enzensberger. Redaktion Ingrid Karsunke.
Je Heft ca. 192 Seiten.
Heft 41-66: einzeln DM 8, im Abo DM 6
ab Heft 67: einzeln DM 9, im Abo DM 7

(Heft 21 bis 40 vergriffen)
Kursbuch 41: Alltag
Kursbuch 42: Unsere Bourgeoisie
Kursbuch 43: Arbeitsorganisation – Ende des Taylorismus?
Kursbuch 44: Unsere Unterwelt
Kursbuch 45: Wir Kleinbürger
Kursbuch 46: Volksfront für Europa?
Kursbuch 47: Frauen
Kursbuch 48: Zehn Jahre danach
Kursbuch 49: Sinnlichkeiten
Kursbuch 50: Bürgerinitiativen/Bürgerprotest – Eine neue vierte Gewalt?
Kursbuch 51: Leben gegen Gewalt
Kursbuch 52: Utopien I: Zweifel an der Zukunft
Kursbuch 53: Utopien II: Lust an der Zukunft
Kursbuch 54: Jugend
Kursbuch 55: Sekten
Kursbuch 56: Unser Rechtsstaat
Kursbuch 57: Der Mythos des Internationalismus
Kursbuch 58: Karrieren
Kursbuch 59: Bilderbuch
Kursbuch 60: Moral
Kursbuch 61: Sicher in die 80er Jahre
Kursbuch 62: Vielvölkerstaat Bundesrepublik
Kursbuch 63: Spielregeln
Kursbuch 64: Das Wetter
Kursbuch 65: Der große Bruch – Revolte 81
Kursbuch 66: Die erfaßte Gesellschaft (Daten)
Kursbuch 67: Militär
Kursbuch 68: Furcht und Zittern
Kursbuch 69: Unsere Wirtschaft
Kursbuch 70: Macht

Eine Auswahl aus dem Rotbuchprogramm

Wolfgang Pohrt, *Ausverkauf*
Von der Endlösung zu ihrer Alternative
Pamphlete und Essays. Rotbuch 224. 144 Seiten. DM 9

Hanna Lévy-Hass, *Vielleicht war das alles erst der Anfang*
Tagebuch aus dem KZ Bergen-Belsen 1944-1945
Hrsg. von Eike Geisel. Rotbuch 191. 112 Seiten. DM 7

Isaac Deutscher, *Die ungelöste Judenfrage*
Zur Dialektik von Antisemitismus und Zionismus
Mit einem Nachwort »Die gegenwärtige Vergangenheit«
v. Eike Geisel u. Mario Offenberg.
Rotbuch 159. 144 Seiten. DM 8

Hersch Mendel, *Erinnerungen eines jüdischen Revolutionärs*
aus der Reihe. 272 Seiten. DM 25

Peter-Paul Zahl, *Johann Georg Elser*
Ein deutsches Drama. Rotbuch 248. 160 Seiten. DM 10

Althaus u. a. (Hg.), *»Da ist nirgends nichts gewesen außer hier«*
Das ›rote Mössingen‹ im Generalstreik gegen Hitler.
Geschichte eines schwäbischen Arbeiterdorfes.
Rotbuch 242. 232 S. mit Abb. DM 18

Howard K. Smith, *Feind schreibt mit*
Ein amerikanischer Korrespondent berichtet über Nazideutschland. aus der Reihe. ca. 300 Seiten. ca. DM 28

Sebastian Cobler, *Die Gefahr geht von den Menschen aus*
Der vorverlegte Staatsschutz
Rotbuch 152. 168 Seiten. DM 9

3. Internationales Russell-Tribunal: Zur Situation der Menschenrecht in der BRD.
Band 1: *Berufsverbote*
Rotbuch 185. 192 Seiten. DM 8

Band 2: *Schlußgutachten der Jury zu den Berufsverboten*
Rotbuch 195. 128 Seiten. DM 7

Band 3: *Zensur*
Rotbuch 205. 208 Seiten. DM 9

Band 4: *Einschränkung vom Verteidigungsrechten/Verfassungsschutz*. Rotbuch 210. 192 Seiten. DM 9